EXCURSIONS

D'UN TOURISTE

Dans le Département du Nord

PAR

Alfred RENOUARD.

LILLE
IMPRIMERIE L. DANEL
Et chez tous les Libraires.

—

1885.

EXCURSIONS

D'UN TOURISTE

Dans le Département du Nord

PAR

Alfred RENOUARD.

LILLE
IMPRIMERIE L. DANEL
Et chez tous les Libraires.

—

1885.

EXCURSIONS

D'UN TOURISTE

DANS LE DÉPARTEMENT DU NORD

EXCURSIONS

D'UN TOURISTE

Dans le Département du Nord

PAR

Alfred RENOUARD.

LILLE

IMPRIMERIE L. DANEL

Et chez tous les Libraires.

—

1885.

On a fait au département du Nord une réputation détestable.

On lui passe d'être riche, industriel, généreux, — qualités qui manquent à bien des provinces méridionales, — mais on lui dénie tout intérêt pour le touriste. A quoi bon le parcourir pour n'y voir que des fabriques ?

Comme toute herbe malsaine, ce propos erroné a pris profondément racine. Il lui a suffi d'être émis pour avoir du succès, ce qui, de nos jours, est le propre de beaucoup de mensonges.

J'entreprends aujourd'hui d'en démontrer la fausseté.

Et comme, pour résoudre un théorème, il n'est rien de tel qu'une bonne démonstration, je mets aujourd'hui les données de cet amusant problème sous les yeux de mes lecteurs. Je conserve l'espoir qu'après avoir lu ma brochure, tous en tireront pour le moins une conclusion favorable.

S'ils reconnaissent leur erreur, je les absoudrai sans réserve. Errare humanum est.

Mais s'ils meurent dans l'impénitence, ils mériteront toutes mes foudres. Perseverare diabolicum.

LE MONT CASSEL

J'ALLUMAIS, il y a quelques jours, une cigarette dans la salle des Pas-Perdus de la gare, en attendant le départ d'un train, quand je rencontrai un mien ami, de caractère placide et d'humeur peu bruyante.

— Tiens ! c'est vous. Quel voyage entreprenez-vous donc ?

Et je me disais : Il va à Ostende, ou à Rosendaël, ou à Boulogne. Je lui trouvais tout à fait l'air d'un homme qui va à Boulogne.

— Ma foi, me répondit-il négligemment, je vais en Abyssinie.

L'allumette enflammée me tomba des mains. Ce n'est pas qu'elle me brûlait, mais j'avais les doigts raidis, en présence de cet homme qui, tout à l'heure, n'était pour moi qu'un magot de cabinet, et qui se révélait grand explorateur devant Dieu.

... Oui, reprit-il, sans la guerre du Mahdi, j'aurais poussé par l'Egypte; ce sera pour une autre fois. Et vous ?

Mon ami m'humiliait cruellement. Comment avouer qu'on va à Cassel, en face d'un homme qui se destine à l'Ethiopie ?

— Les voyageurs pour Hazebrouck, Cassel, Dunkerque, en voiture !

La voix nasillarde du contrôleur vint prosaïquement faire diversion à mon attitude. Je me retirai à la hâte en souhaitant à X... un excellent voyage.

Or, voici qu'aujourd'hui, après deux mois d'absence, j'apprends que mon ami, de retour dans son hôtel du boulevard, est redevenu plus placide que jamais, plongé tous les soirs dans la lecture du journal qui abrite ma prose. Et comme il ne m'a pas encore narré son voyage d'Abyssinie, je vais, pour ma part, lui raconter ma pérégrination moins épatante, mais non moins agréable de Cassel : je bénis la Providence, qui me permet de lui décocher cette flèche de Parthe.

Je ne vous dirai pas par le menu comment on arrive à Cassel, tous ceux d'entre vous que leurs goûts maritimes ou balnéaires ont entraînés du côté de Dunkerque savent parfaitement que la Compagnie du Nord a gratifié cette ville d'une station de chemin de fer.

A peine descendu, l'excursion commence : Cassel, perchée sur sa montagne, semble narguer les voyageurs débarquant sur la voie ferrée et les invite à l'atteindre — tout comme ces oasis du désert que le mirage fait scintiller dans le lointain aux yeux des touristes ébahis.

Cependant, à la différence du désert, il n'est vraiment pas dommage de la voir de si loin;

car la route qui mène à Cassel à l'est de la gare, procure parfaitement le charme d'une promenade ombragée de premier ordre.

Ce qu'on trouve d'abord sur sa route, c'est Oxelaere — et je me suis vainement demandé pourquoi la gare d'arrêt ne mentionnait pas au moins ce joli village — situé sur le ruisseau de Schœbèque, au milieu d'un délicieux bosquet.

Je poursuis ma route, voyant toujours de loin Cassel, enviant, en passant, le sort de nombreux châtelains et châtelaines du pays, dont les maisons, blanches et coquettes, émaillent le chemin que je parcours.

Un mont se présente à moi, sorte de réduction du mont Cassel : c'est le mont des Vautours, ou pour mieux parler le langage du pays, le mont des Récollets, ainsi nommé en souvenir, me dit mon compagnon, d'un couvent de ces moines qui y fut installé avant la révolution.

Gravir cette motte est bientôt fait ; le désir d'arriver nous donne des jambes. Les habitants de l'endroit, faubouriens de Cassel, ne manquent

jamais de faire remarquer aux étrangers la belle
vue dont on jouit du sommet, en ajoutant
cependant que le panorama de Cassel vaut en
cent mille celui-ci. *Zuze un peu*, mon bon, dirait
un Marseillais, ce que peut être ce géant auprès
de ce nain où tu es. J'ai remarqué souvent,
qu'en bien des circonstances, les gens du Nord
sont Marseillais.

Ce mont des Récollets est, pour les géologues,
lieu de pèlerinage assidu. Il est formé, d'ailleurs,
d'alluvions de la mer, c'est-à-dire — en termes
moins scientifiques — qu'on y trouve, au moyen
de creusements, des débris d'animaux marins,
surtout de ceux à coquilles, et des mollusques
paludéens.

Du bout de ma canne, je remuai l'une des
couches de sable mises à nu sous la terre argi-
leuse, et je fis ainsi tomber de ces stratifications
toute une cargaison de testacés nombreux —
ammonites, numulites et nautiles principalement
— devant lesquels un amoureux de géologie se
serait pâmé d'aise. J'avoue, à ma honte, que

je ne sentis alors aucune fibre se remuer en moi.

Bientôt, paraît-il, ce mont des Récollets n'existera plus qu'à l'état de souvenir. Un vandale, poussé par l'amour du lucre, en extrait journellement tant de sable qu'il finira par extraire le monticule entier.

Je m'engage sur la route de Cassel à Steen-voorde, si j'en crois un poteau indicateur, et, après une course d'un quart d'heure au travers d'un bois et de sentiers charmants, je vois Cassel.

Cassel — c'est pour moi le moment de faire ici le savant — relève de l'archéologie, de la géologie et de l'histoire.

De l'archéologie ? Aussitôt votre arrivée, les habitants vous le font savoir, et n'oublient pas de vous dire que si vous voulez admirer l'horizon, la meilleure place est *le château*.

Quel château ? se demande le touriste; il écarquille les yeux et puis... il ne voit rien. C'est qu'il n'est pas archéologue. Il saurait sans cela que le château est une terrasse d'où l'on aperçoit le mieux l'horizon de Cassel, qu'il y avait là, autrefois, une espèce d'abri ou de fort construit grossièrement par les Romains qui, dans leur *itinéraire d'Antonin*, le nommaient *Castellum* (*chateau* en latin, d'où castel et *Cassel*), ils sauraient enfin que six voies romaines partaient de ce castel, pour relier la ville aux petites citadelles d'alentour. Les indigènes du pays qui veulent se donner pour très forts ne manquent pas de vous montrer, du haut de ce terrain, les restes de ces six voies, dont quelques-unes, droites et bordées d'arbres, se suivent sur un parcours de 12 kilomètres de la montagne.

Et les habitants de Cassel qui savent ça! Heureux mortels ? *Pius est patriæ facta referre labor.* Je connais bien des Lillois qui ne sauraient pas me dire pourquoi on a élevé une colonne sur la Grand'Place.

Seulement, ce sur quoi les archéologues hésitent, *certant* comme les grammairiens d'autrefois, c'est sur la question de savoir si le Castellum des Romains a appartenu aux Morins d'abord, ou bien aux Ménapiens. Je suis d'avis, pour ma part, qu'il a dû appartenir aux uns et aux autres, le mont Cassel formant une sorte de limite entre l'ancienne Ménapie et la Morinie. Et puis, je vous dirai que ça m'est bien égal.

J'ai dit aussi que Cassel relevait de la géologie. Que diable, avec une montagne pareille, comment en serait-il autrement ? Le nombre de géologues qui viennent à Cassel et y font de bons dîners, à défaut de bonne science, est incommensurable.

Vous me permettrez de ne pas vous narrer tout ce que la géologie a découvert à Cassel. Il y a à cela plusieurs raisons, dont la première est que, n'étant pas géologue, je veux, comme le cordonnier d'Appelles, ne pas disserter plus loin que ma chaussure. Je rappellerai cependant qu'autrefois la mer couvrait Cassel — dans un temps où tous mes lecteurs, de quelque âge qu'ils soient, étaient encore dans les choux ; — elle y apporta longtemps et y déposa successivement jusqu'à son sommet, des débris d'ani-

maux dont les espèces vivaient alors dans son
sein, des coquillages de beaucoup de genres et
de toutes les grandeurs, et souvent, par dessus
tout cela, des cailloux roulés de la période
pliocène, des silex volumineux libres, maintenant agglomérés ensemble comme des poudings
au moyen de substances arénacées. Mais, mon
Dieu, voilà que j'emprunte le langage spécial
du savant; j'en demande pardon à mes lecteurs.

Dans le champ de l'histoire, je puis, au sujet
de Cassel, m'en donner à cœur joie. Nous
autres, Lillois, sommes fiers des sept sièges qu'a
supportés notre cité.—Eh bien, Cassel, en matière de siège, nous est de beaucoup supérieure,
car on l'a assiégée, prise et reprise douze fois,
démolie quatre fois et restaurée cinq fois. Il
ne reste rien aujourd'hui de ses anciennes
murailles, mais c'est là plus qu'il n'en faut pour
rendre la ville plus célèbre que toute autre cité
fortifiée.

De tous les combats qui se livrèrent sous ses
murs, le plus célèbre est la bataille gagnée,

le 22 août 1328, sur les Flamands, par Philippe
de Valois qui, ayant pris l'oriflamme à Saint-
Denis, était venu en aide à Louis de Nevers.
Tout à Cassel fut pillé ce jour là, la ville quasi
rasée, ses habitants « occis », comme disent les
vieilles chroniques. Ah ! c'est qu'il ne fallait
pas narguer le roi de France, et ces bons
Flamands ne s'en étaient pas fait faute. Ils
avaient peint sur toile un coq, l'avaient placé
dans un site en évidence, et l'avaient orné de
l'inscription :

> Quand ce coq chanté aura,
> Le roi Cassel conquestera.

Le roi n'eut pas la patience d'attendre le
chant du volatile et préféra faire passer aux
Cassellois le goût... du coq.

Nous pourrions encore citer le fameux combat
de Peene, en 1677, gagné par Philippe d'Orléans,
frère du roi, sur le prince d'Orange, près de la
petite rivière la Peene, au bas de Cassel. Le
chemin de fer de Dunkerque passe juste sur ce

champ de bataille, à la limite de la colline d'un moulin dit des Tombes, qui reçut probablement ce nom en souvenir de cette journée sanglante.

Si vous allez faire une promenade en ville, il y a bien encore à glaner dans Cassel ;

Voyez par exemple l'ancien hôtel de ville, monument original du XVIIe siècle, percé au rez-de-chaussée de hautes baies ogivales qui lui donnent tout a fait l'apparence d'une église. Au-dessus de la porte s'ouvre une tribune armoriée d'où les décisions de l'autorité communale se lisaient au peuple, et cela suffisait. Aujourd'hui que plus de monde sait écrire, Messieurs les Maires se contentent d'afficher leurs décisions à la porte.

A voir encore la mairie actuelle, jadis siège de la cour féodale. A l'intérieur, sur marbre noir, l'étranger peut admirer les noms des vaillants Cassellois qui ont payé leur dette à la patrie. J'y relève les noms du général Vandamme (1830), du général Béhaghel, et à une époque plus récente, du lieutenant de frégate Wyts, tué

au Bourget. Fameux gaillards que ces Wyts,
dont l'un, chef d'escadron d'état-major, a été
affreusement mutilé à Sedan ; dont un autre,
capitaine de vaisseau sorti du rang, est le seul
de son grade décoré de la médaille militaire ;
dont un autre encore — et j'en oublie sans
doute — est à l'heure actuelle au Tonkin, où il
se distingue comme capitaine d'infanterie de
marine. Un pays peut être fier d'avoir donné le
jour à de tels enfants.

A signaler encore, sur l'un des côtés de la
Grand'Place, l'hôtel des comtes d'Halluin ; au
bout de la rue de Saint-Omer, la maison du
général Vandamme ; dans le cimetière, le
monolithe du docteur Windriff. La ville, partout
recèle des souvenirs d'histoire.

Mais quand les touristes vont à Cassel, ce
qu'ils vont voir surtout, ce qu'il faut ici admirer,
c'est le panorama magnifique qu'on peut se
payer du haut de la terrasse. Allumez un cigare
après votre dîner, envoyez les bouffées à l'horizon,
et voyez :

La mer au nord et au nord-ouest ; sur le bord
Dunkerque, dominé par son beffroi et son phare ;
au nord-est de cette ville, les dunes, qui s'éten-
dent jusqu'en Belgique, et dont la ligne se
dessine en blanc sur le fond noir des eaux. Au
sud-ouest de Dunkerque, en suivant le rivage,
Gravelines, sur les confins du département ;
puis, émaillant la route de Dunkerque à Cassel,
Hardifort, Wormhoudt et Bergues. A l'est,
voici Steenvoorde ; puis, en Belgique, Poperinghe et Ypres, avec la tour carrée de sa
cathédrale et le beffroi de son admirable hôtel-
de-ville. Dans la même direction, la chaîne
franco-belge des monts des Cats, de Boeschêpe,
Noir, Rouge et de Kemmel.

Enfin, au sud et à l'ouest, voici Hondeghem,
Saint-Omer et la tour de Saint-Bertin, la forêt
de Clairmarais et tout le pays qui s'étend jusqu'aux collines d'Artois et au plateau du Boulonnais. Du côté du Pas-de-Calais, on peut
aussi voir les côtes anglaises — ce qui faisait
dire à nos ancêtres que du haut du mont Cassel,

on apercevait quatre royaumes : la France, la Belgique, l'Angleterre et le royaume... des cieux. Farceurs, nos pères !

J'engage donc mes lecteurs à se rendre à Cassel, ils ne perdront pas leur journée. Qu'ils soient archéologues, géologues, historiens, ou même simples touristes, ne poursuivant que l'agréable but d'une jolie promenade et d'un coup d'œil ravissant, ils reviendront, j'en suis persuadé, satisfaits de leur excursion.

Que diable ! Napoléon lui-même est venu contempler le panorama de Cassel, et Napoléon n'est pas le premier venu — il n'était d'ailleurs en cela que le plagiaire de Philippe-Auguste et de Charles Quint. C'était au 17 messidor an XI — ce que je traduis par la formule réactionnaire, juin 1803 ; — ce jour-là, la voiture de la future Excellence s'arrêta au pied du mont et elle n'hésita pas à en descendre pour aller, par un temps de pluie, sur la terrasse de Cassel. Un vrai morceau de roi pour un premier consul.

— Savez-vous quelle a été pour moi la morale

de mon excursion, quand, le soir, de retour à
Lille, entrant lentement et doucement dans mon
lit, j'éprouvais la plus délicieuse sensation du
monde? Je me disais que mon ami — l'Abys-
sin du départ — arrivé le lendemain à Mar-
seille, éprouverait sans doute bientôt un mal
de mer inénarrable, tandis que moi, — Sar-
danapale, — je goûtais à mon aise le repos de
l'homme satisfait. Jouissance pour jouissance,
je n'aurais pas troqué la mienne pour un empire.
Ce que c'est que l'égoïsme !

LE MONT DES CATS

Tous mes lecteurs ont entendu parler de ces couvents à la règle sévère, où vont s'enfermer pour jamais, comme dans une tombe anticipée, des infortunées victimes de leurs passions ou des passions des autres. Ces cloîtres sont assez rares : il y en a à Staouéli et à la Meilleraie, il y en a un dans le Nord.

Prenez le chemin de fer du Nord, descendez à Bailleul : deux heures de marche seulement vous séparent du monastère en question.

J'ai entrepris ce voyage et c'est à vous, mes

chers compatriotes, que je veux raconter les
sensations d'un homme du monde qui a pu,
grâce à la vapeur, dîner chez lui à Lille et cou-
cher le même soir chez les trappistes du mont
des Cats.

Arrivés à Bailleul à six heures, nous en
sommes repartis presque immédiatement pour
notre pèlerinage. Ce n'est pas qu'il n'y ait rien
à voir dans cette petite ville flamande. Bien au
contraire : le musée communal, fondé par le
juge-de-paix de Puydt, vaut une visite ; et puis,
si vous en avez l'autorisation, vous pouvez visiter
l'hôpital des folles du département qu'on dit
être le plus vaste de France, tout simplement
parce qu'il est le centre d'une région populeuse.
Mais nous avons hâte d'arriver au monticule

Le mont des Cats fait partie d'une chaîne
de montagnes qui couronne cette riche région
de notre Flandre, et qui se compose notamment
du mont Rouge, du mont Noir — il y en a de
toutes les couleurs — du mont Aigu et du mont
des Cats.

Si vous vous en rapportiez aux traditions du
ays, il faudrait appeler ce dernier — le mont
des Chats.

Je n'y vois pas, pour mon compte, le moindre
inconvénient. Les Anglais ont bien, près de
Gibraltar, le mont des Singes, pourquoi n'au-
rions-nous pas le mont des Chats.

Mais j'aime mieux m'en rapporter aux Com-
mentaires de César, qui nous apprennent que
cette montagne était autrefois habitée, non par
la gent féline, mais par les Kattes, race d'hommes du Nord, venus de la Hesse.

Tacite, *de Moribus Germanorum*, parle aussi
d'un *Mons Cattorum*.

Nous voilà donc bien loin des Chats.

Le chemin que nous suivons s'appelle, en
style administratif : chemin vicinal n° 56

Nous traversons le hameau de Shaexhen —
n'essayez pas de prononcer — émerveillés des
délicieux points de vue découpés par les éclair-
cies des haies.

Voici un poste de douaniers, à l'origine de la

route qui conduit à Poperinghe, patrie du hou-
blon. Voici Berthen, où commence la montée
plus rude ; de l'autre côté, est Godewaersvelde
— encore une fois ne prononcez pas — puis
Boeschêpe : la montagne est à cheval sur les
deux communes.

Nous montons sans rencontrer âme qui vive.
C'est dimanche. Les travaux sont suspendus.
Nous croisons cependant de jeunes couples
s'ébattant et poussant de bruyants éclats de rire,
Enfin nous arrivons au sommet.

L'ombre se détache du mont plus grande et
s'allonge dans la plaine. Le soleil va dispa-
raître ; quelques derniers rayons empourprent
l'horizon.

Du monde, il ne parvient plus jusqu'à nous
que quelques sons vagues, échos affaiblis des
cris d'une jeunesse folâtre. Le silence se fait
partout, comme la nuit, et devant nous se
dresse, dans sa touchante simplicité, le monastère de la Trappe.

C'est un bâtiment peu élevé, avec deux avant-corps. Celui de droite est pour le portier, celui de gauche est une chapelle pour les habitants du pays : elle est dédiée à saint Constantin.

Le monastère est fermé d'un côté par un grand mur, de l'autre par l'église. Le tout est entouré de prairies défendues par des haies.

Fatigués de la route, impressionnés par le splendide spectacle du soleil couchant, nous éprouvons, à la vue de ce couvent, une véritable émotion.

Nous agitons le cordon de la cloche. Il est formé d'une chaîne à l'extrémité de laquelle pend une croix en fer. Une pâle figure de moine apparaît au guichet. — Que demandez-vous? — L'hospitalité pour cette nuit. — Le portier nous introduit. C'est un jeune Frère à la tête rasée, à la voix nasillarde. Une barbe rousse ombrage son menton ; il est vêtu d'une robe de laine blanche que recouvre une dalmatique brune ; il s'agenouille en signe d'humilité.

Nous lui remettons nos cartes ; il se retire, et, peu de temps après, nous invite à le suivre dans le réfectoire des étrangers, assez grande salle de rez-de-chaussée, prenant vue sur la cour, et dont les murs, blanchis à la chaux, n'ont pour ornements que quelques tableaux.

Nous y remarquons l'arbre de la religion catholique, les portraits de Pie IX et de Léon XIII, de dom Étienne, mort dans la maison à l'âge de 90 ans, et de Ruyssen, peintre, fondateur de la communauté. Ce dernier est représenté en habit séculier, devant un chevalet. C'est une figure maigre, pâle, expressive. On devine le trappiste sous l'homme du monde. Il y a aussi, appendu à la muraille, un exemplaire du réglement à l'usage des pensionnaires et des hôtes.

Un autre Frère entre en silence et couvre d'un linge propre la table sur laquelle il sert ensuite du pain frais, du beurre, une salade et des pommes de terre cuites à l'eau.

La marche avait excité notre appétit, et nous commencions à faire honneur à notre souper, quand une nouvelle apparition nous surprit.

C'était un troisième religieux, le Père hospitalier — remplaçant le frère Albéric, que tout le
Nord a autrefois connu — un des rares fonc-
tionnaires du couvent qui puissent transgresser
la règle du silence.

Il nous aborde avec affabilité et engage avec
nous la conversation. Il nous prie de continuer
notre repas, et s'excuse de ne pouvoir nous
offrir qu'un seul lit pour mon compagnon et
moi. Il nous raconte l'histoire du monastère, ce
qu'on y fait, comment on y travaille et aussi
comme on y prie. Son récit, émaillé de traits
d'esprit de bon aloi, est véritablement plein
d'intérêt.

Nous aurions écouté longtemps encore le bon
Père, qui paraissait heureux de rattraper, en
causant avec nous, un temps de mutisme trop
prolongé, quand il fut interrompu par des voix
graves qui chantaient l'office du soir, cette
suave mélodie du *Salve Regina*, où, par inter-
valle, dans le cours d'un *repons*, il y a un moment
de silence dans tout le chœur, puis une reprise

dont la majesté étonne et ravit les âmes les moins disposées à la prière.

C'était le signal de la retraite. Nous entendîmes, peu après, le bruit lent du pas des moines cheminant vers leurs cellules.

Curieux de suivre les exercices religieux de la nuit, nous priâmes l'hospitalier de ne pas fermer notre chambre ; il nous le promit et fit plus : il nous indiqua le corridor par lequel nous pourrions, à l'heure qui nous conviendrait, pénétrer dans la tribune de l'église, qu'il laisserait ouverte. Nous nous séparâmes.

La cellule était propre, le lit bon, assez large pour deux : nous nous endormîmes.

A l'heure des *Matines*, le chant des moines nous réveilla. C'était une psalmodie lente, grave, mélancolique, de celles qui plaisaient tant à Bossuet. En un instant, je fus habillé et je courus à la tribune.

L'église est un long bâtiment fort simple, coupé dans le milieu de sa largeur, par une sorte de galerie où se trouvaient quelques

moines devant un lutrin. Dans le bas, de chaque
côté du chœur, sont des stallés dans lesquelles
se tiennent immobiles des spectres blancs, la
tête couverte d'un capuchon.

Les *Matines* durent jusqu'à quatre heures. Je
n'en attendis pas la fin, et revins me jeter sur
mon lit, en cherchant vainement le sommeil,
que n'avait pas perdu mon compagnon, mêlant
ses prosaïques ronflements aux accents religieux
des Trappistes.

J'avais toujours devant les yeux ces pâles
figures de moines, assis ou prosternés. J'enten-
dais toujours leurs voix sonores ; et je me
demandais quels pouvaient être ces hommes si
détachés du monde, si ennemis de ses joies, de
ses plaisirs les plus innocents, qui s'arrachent
aux douceurs d'un repos bien acheté par une
journée de travail, pour aller, aux premières
lueurs du crépuscule, célébrer les lugubres
offices des Morts. Et tout naturellement, et
comme type de ces rudes Trappistes, j'évoquai
la grande figure de l'abbé de Rancé, dont Cha-

teaubriand nous a raconté la vie accidentée,
dernier ouvrage d'*avant-tombe*.

J'en étais là de mes réflexions quand, jetant
par hasard les yeux sur la fenêtre de ma cellule,
que frappait un rayon de soleil, je vis, plus
que je ne l'entendis, que le mouvement se faisait
dans le couvent. Des ombres blanches glissaient
çà et là dans la cour et les jardins. Des frères
convers cueillaient des légumes, d'autres
portaient l'eau dans des seaux suspendus à la
manière des anciens Auvergnats de Paris.
C'était l'heure du travail pour tout le monde.

Nous cherchons notre guide, le Père hospitalier, que nous ne rencontrons pas d'abord.
Nous le désirons avec d'autant plus d'impatience
que nous n'avons pas encore pris l'habitude
du jeûne. Enfin, le voilà !

Le Père s'excuse, et, après nous avoir fait
servir pour déjeûner du café au lait et des
petits pains, il se met à notre disposition.

Nous parcourons ensemble l'établissement.
Voici des ateliers occupés par les Pères,

ouvriers de tous les corps de métiers. Celui-ci
tourne, celui-là charpente, cet autre forge.
Plus loin, d'autres vaquent aux soins du ménage.
En voici qui sortent des étables, chargés de
dames-jeannes remplies jusqu'aux bords d'un
lait écumeux : ils ont certainement l'avantage
d'être moins exposés que Perrette aux distrac-
tions.

Nous trouvons dans une cave un Père —
un solide gaillard, ma foi — qui bat le beurre.
Sur un signe de notre compagnon, les uns et
les autres quittent leur besogne, dans laquelle
ils sont remplacés par de nouveaux religieux.
Tout cela se fait en silence.

Mes lecteurs vont peut-être trouver cela
étrange, mais il m'a semblé que je me taisais
aussi. Influence de l'imitation! J'ajouterais
même, si je ne craignais de vous voir éclater de
rire, que la contagion du mutisme avait gagné
jusqu'aux animaux de la ferme. Moquez-vous
de moi tant que vous voudrez, je vous atteste
que, maintenant, je n'ai pas le moindre souvenir

d'avoir entendu aboyer les chiens, bêler les
chèvres, caqueter les poules ou hennir les
chevaux :

> Ces superbes coursiers qu'on voyait autrefois
> Pleins d'une ardeur si noble obéir à la voix,
> L'œil morne maintenant et la tête baissée,
> Semblaient se conformer à leur triste pensée.

De la ferme, nous passons au réfectoire, puis
à la cuisine, où l'on cuit les légumes, seule
nourriture des Trappistes.

Nous montons au vestiaire, tenu dans un état
de propreté fort remarquable. Il y a, à côté des
vêtements religieux de rechange, une série de
cases numérotées qui renferment les effets dont
les néophytes étaient pourvus en arrivant au
couvent — la dépouille du vieil homme. Un
observateur trouverait facilement, dans ces
débris du monde oublié, l'origine de l'homme
nouveau.

Les cellules sont près du vestiaire. C'est un
vaste grenier divisé par des cloisons de planches,

à hauteur d'hommes, en de nombreux compartiments. Chacun de ceux-ci contient un lit, avec une paillasse piquée et une couverture ; pour unique meuble, un pot de grès ; pour ornement, un crucifix ; pour distraction, un livre de prières. C'est là que les Pères dorment sans se déshabiller, même quand ils sont malades. Cette règle, qui engendrerait des maladies chez les hommes habitués à l'usage du linge, n'a aucune influence pernicieuse sur l'hygiène des religieux : leurs robes de laine sont, d'ailleurs, renouvelées tous les quinze jours et lavées avec soin.

Mais voici le moment de partir. Le Père nous reconduit jusque la porte, nous le remercions chaleureusement.

Et nous voilà, mon compagnon et moi, cheminant silencieusement sur la route de Bailleul, abîmés dans nos pensées...

Mais quel moyen d'avoir un songer triste avec un beau soleil et une nature reverdissante ! Voici l'alouette qui s'élève du sillon ; nous

entendons son frais gazouillement, nous voyons
la plaine couverte de gais travailleurs... En
présence de ce renouveau, véritable tentation de
Satan, nous oublions peu à peu notre visite aux
moines.

Rentré à Lille l'après-midi, je ne m'occupai
plus, comme le célèbre barbier, que de tailler
ma plume, demandant à chacun de quoi il est
question. Le plumitif déjà avait tué en moi le
penseur.

MONS-EN-PÉVÈLE

IL y a deux moyens de se rendre à Mons-en-Pévèle : l'un, bon pour les touristes, l'autre, réservé à ceux que peut effrayer une longue route. Pour ces derniers, il y a la voie ferrée ; pour les autres, la grand'route.

Mais, que vous preniez votre billet à destination de Libercourt, pour de là joindre Mons-en-Pévèle par le bois du même nom ; ou que vous suiviez, de Lille, la route de Douai jusqu'au chemin du Blocus, par lequel on gravit le mont de Pève, le but est le même. Je ne vous ferai point misère sur le moyen de locomotion par vous choisi.

Qu'est-ce donc que Mons-en-Pévèle ?

Pour le vulgaire, cet heureux village possède, avant tout une réputation gastronomique.

Non loin d'Armentières, aux cervelas renommés ; d'Arras aux *cœurs* classiques ; de Lille, aux carrés de pain d'épice, Mons-en-Pévèle est considéré comme la patrie des fromages, principal produit du pays, comme au temps où de simples pasteurs couvraient de troupeaux ses pâturages, aujourd'hui partiellement convertis en champs de betteraves, pour l'alimentation des fabriques d'alentour.

Déjà, du temps de Buzelin, le mont était célèbre *copid caseorum*, et Brûle-Maison, notre concitoyen, dans son grand voyage de Lille à Douai par la barque, ne manque pas de s'écrier :

> Vois-tu là bas sous ces buissons
> C'est le pays de Mons-en-Pève
> Où les fromages sont si bons !...

J'estime que pour mes lecteurs il y a autre chose à Mons-en-Pévèle, *Mons in Pabulis*, comme dans les vieilles chroniques, *Mons en Puelle*, comme l'ont appelé les Français, d'où l'on a fait, dans le pays, *Mons-en-Pève* (le Pève était, comme on le sait, l'un des neuf quartiers de la province de Lille).

Administrativement, c'est une commune du canton de Pont-à-Marcq qui, en 1885, compte 2,090 habitants répartis sur plusieurs hameaux. Elle est située sur une modeste colline qui s'étend du nord au midi, et qui est traversée, dans sa largeur, par la route départementale N° 30, de Carvin à Orchies. Celle-ci débouche à Thumeries, du chemin vicinal de grande communication de Lille à Douai, monte le coteau par une pente douce, pour descendre à la chaussée nationale par la ferme du Blocus.

Comme les montagnes de la lune, le mont de Pève est isolé. Cette position exceptionnelle d'un mamelon peu élevé, mais dégagé de tout voisinage montueux, laisse à l'horizon toute sa circonférence.

On a sous les yeux un véritable panorama, panorama qui certes ne vaut pas celui du mont Cassel — le soutenir serait absurde — mais qui n'en a pas moins une saveur bien à lui. L'œil ravi embrasse l'espace aux quatre points cardinaux

Si vous ne pouvez que deviner au *nord* Lille, caché par les coteaux crayeux de Faches, à l'*est* s'étale, dans sa majesté, le mont de la Trinité, près de Tournai. Voici le beffroi d'Orchies, la tour de Saint-Amand, les hautes cheminées de l'arrondissement de Valenciennes; puis, au *sud*, Douai avec ses clochers en forme de minarets, et à l'*ouest*, au-delà de la forêt de Phalempin, de la ligne ferrée, du bassin de la Deûle, le mont de Vimy et l'Artois.

Et dans ce parcours de plus de sept lieues de distance, qu'aucun obstacle ne vient intercepter, partout la vue se repose sur un joyeux fond de verdure : champs, prés et bois, que viennent bigarrer les fermes aux toits rouges, scintillant sous les rayons du soleil, les blanches maisons de campagne et les sombres cheminées de nos fabriques de sucre.

Quel roc escarpé, aire stérile de l'aigle et du vautour, vaut en tout autre pays cet humble coteau qui, du sommet à la base, étale les plus magnifiques présents de Dieu ?

De l'endroit où nous sommes, l'œil, plongeant sur le hameau de Wasquehal, ancien fief de la *noble famille*, nous pouvons voir surgir d'un pli de terrain un maigre filet d'eau : c'est la Marque, qui, à un siècle de distance, arrosa, dans son cours sinueux, les deux plus mémorables champs de bataille de notre pays, Bouvines et Mons-en-Pévèle.

Puisque j'évoque ce souvenir, je rappellerai ici les phases de ce dernier combat. Peut-on, d'ailleurs, sur les lieux mêmes où se passa l'un des faits les plus importants de notre histoire, ne pas se recueillir un instant et résumer les récits du temps ?

Nous sommes en 1304.

La Flandre, cette riche proie que n'avaient

pas cessé de convoiter les rois de France, est
envahie par Philippe-le-Bel, qui l'attaque à la
fois par mer et par terre, dans l'espoir de profiter de ses discordes; une première tentative,
pour gagner Lille par Lens et Pont-à-Vendin
échoue complètement; les Français sont obligés
de repasser la Deûle et de se retirer à Arras.

Brûlant de venger sa défaite, le roi se remet
en route par un autre chemin cette fois; il
dirige sa marche par Fampoux, Vitry, et, de
nouveau, il côtoie Douai, qui ne se laisse pas
prendre.

Arrivé à Pont-à-Raches, il trouve, de l'autre
côté de la rivière, les Flamands qui lui disputent
le passage, protégés qu'ils sont par de vastes
marais; Philippe évite de s'y engager; comme
à Pont-à-Vendin, il suit le cours de la Scarpe
jusqu'à Vicoigne, longe Valenciennes, et finit
par traverser l'Escaut, à Condé, d'où il se dirige,
par le Hainaut, vers Tournai.

C'était à peu près la manœuvre employée, un
siècle auparavant, par Philippe-Auguste, dans
les mêmes intentions.

Les Flamands, qui n'avaient pas perdu de vue les Français, se tenaient à Bouvines et à Pont-à-Tressin.

Le roi poussa vers Orchies, qui se rendit ; il poursuivit sa route vers Lille, et, quand il se trouva près de Mons-en-Pévèle, il retrouva les Flamands, en observation à Pont-à-Marcq.

C'était le 11 du mois d'août.

On fut longtemps avant d'en venir aux mains. Enfin, Guillaume de Juliers, voyant que les Français ne tentaient aucune attaque générale, que le jour tombait, s'indignant et frémissant de n'avoir encore rien fait, donna le signal, et se précipita, lui et les siens, tête baissée, sur le centre de l'armée française. Ce fut un choc général.

Les Flamands furent dispersés. Cependant, un grand nombre purent se réunir et gagner le mont où, en signe de victoire, ils sonnèrent d'éclatantes fanfares. Quant à Philippe, maître du champ de bataille, il le parcourut, le soir même, à la lueur des flambeaux.

Telle fut cette mêlée demeurée célèbre et à l'occasion de laquelle, cependant, les historiens flamands, et notamment Meyer, racontent que nos ancêtres ont été plutôt *mystifiés que vaincus*, que leur défaite, si défaite il y eut, doit être attribuée moins à la valeur de leurs adversaires qu'à leurs machinations.

Il y a cela de vrai que l'histoire ne nous montre pas, à la suite de la bataille de Mons-en-Pévèle, ces conséquences caractéristiques d'un triomphe incontesté, comme à Bouvines, par exemple.

Si Philippe resta maître de la vallée où se passa le fort de l'action, il ne poursuivit pas les Flamands sur le mont où ils se rallièrent avant de se retirer à Lille, et si, plus tard, le roi occupa cette dernière ville, ce fut à titre de gage, comme garantie des conditions d'une paix qu'il paraissait désirer autant que ses adversaires.

Nous acceptons d'autant plus volontiers cette conclusion négative, qu'elle fait taire nos scru-

pules à l'endroit de notre amour-propre national. Certes, nous n'oublions pas que nous
sommes entrés pour jamais dans la grande famille
française, que nous devons nous réjouir des
joies, nous glorifier des triomphes de la France,
mais nous devons nous rappeler aussi que nous
sommes les descendants des milices lilloises qui
combattaient au centre, à Mons-en-Pévèle, sous
Guillaume de Juliers.

Il y a encore dans le pays un vieux témoin
de la bataille : c'est le ravin profond où se
rassemblèrent les délégués des deux armées,
chargées d'écouter les propositions de paix à la
suite de l'armistice accordé par Philippe. Ce
lieu a conservé le nom de *Parolan*, à cause de
l'espèce de *parlement* qui y fut constitué. Il sert
aujourd'hui de carrousel, à la fête du pays.

Nous ne citerons que pour mémoire l'opinion
de certains habitants du pays, amis du merveilleux, qui s'obstinent à voir dans ce ravin le vide
produit par le pied du cheval de Roland, qui,
soulevant dans sa marche une énorme motte

de terre, la transporta, d'un seul pas, près de
Tournai, où elle forme le mont de la Trinité?
Il y avait en ce temps-là de rudes chevaux.

Non loin du Parolan, une naïade mystérieuse
cache une source, dite fontaine Saint-Jean, dont
les eaux jouissent, dans les pays avoisinants,
d'une grande réputation pour la guérison des
maladies.

Et dans ce siècle utilitaire, on abandonne
cette richesse !

Je me suis souvent demandé comment un
homme habile, docteur *in utroque*, — médecine
et industrie, — ne s'était pas encore avisé de
fonder, à la fontaine Saint-Jean, un établissement de bains. Il y a là tout ce qui attire d'ordinaire, les malades bien portants : un air vif,
des vues pittoresques, et, non loin, un joli bois,
la délicieuse « forêt » de Phalempin. Qu'un
chimiste quelconque y découvre de l'arsenic, et
la vogue des eaux est assurée.

Mons-en Pévèle n'est donc pas le premier
pays venu. Mentionnons-y encore une illustra-

tion locale. Ce village a donné le jour à Jacques
Legroux, curé de Marcq-en-Barœul, historien
véridique, auteur d'une vie des évêques de
Tournai, écrite dans un latin correct.

Mais voilà assez parlé du mont de Pève. Le
jour baisse, le temps nous presse pour retourner
à Lille. L'ami qui m'accompagne, me fait
remarquer qu'après une course aussi longue,
son estomac a hâte de retrouver le pot-au-feu :
ventre affamé n'a plus d'oreilles, je rentre dans
mes pénates.

LE

BOIS DE BON-SECOURS

Ꮮ y a deux voies pour gagner Bon-Secours : l'une, belge, par Tournai et Péruwelz ; l'autre, française, par Orchies, Saint-Amand et Fresnes.

Je choisis toujours la voie belge, de beaucoup la plus rapide. J'y perds, il est vrai, de contempler sur ma route la tour de Saint-Amand ; mais je compense mon déficit par la vue des *chonq-clotiers* de la cathédrale de Tournai. On ne peut tout avoir à la fois.

4

Nous voici donc dans le train et, au bout de deux heures, débarqués à Péruwelz, ville de 8.000 habitants, à un quart de lieue de Bon-Secours. On se rend au hameau en vingt minutes de marche, ou bien en dix minutes par le tramway, à travers une belle avenue ombragée de tilleuls — avant-goût de la verdure de la journée.

Bon-Secours nous apparaît, dès les premières maisons, simple et propret. Presque toutes les fenêtres sont garnies de plantes fleuries Je n'apprendrai rien à personne en disant que c'est une station fort fréquentée; les uns vont y *pèleriner* — si le mot n'est pas français, il sera bientôt inventé — les autres y respirer le bon air.

On revient volontiers dans ce petit bourg. Sa position sur le penchant d'une colline, qui le garantit des vents secs de l'Est, l'animation et l'entrain causés par le pèlerinage, la facilité des communications et, par-dessus tout, le voisinage du bois, d'où arrive un air revivifié et constamment renouvelé : voilà les causes qui font de Bon-Secours un séjour recherché. La Faculté est d'avis que cet air oxygéné fait bien à tout le monde, aux bien portants comme aux malades : les anémiques y récupèrent un sang qui leur manque , on dit même que les poitrinaires s'y refont de vrais poumons.

Le pèlerinage a toute une histoire.

L'origine en remonte à une statue de la sainte Vierge, grossièrement taillée dans le tronc d'un chêne et vénérée par les bûcherons, qui venaient travailler dans la forêt voisine. L'image était alors connue sous le nom de *Notre-Dame du Chêne d'entre deux Bois*. Cette longue appellation provenait, suivant les uns, de ce que l'image s'était trouvée cachée avec le temps par le tronc d'un hêtre qui avait fini par l'embrasser en entier, suivant les autres de ce que le chêne où elle était sculptée marquait la limite entre les bois de Condé et de Blaton.

Mais voici qu'en 1603, un vieillard de Péruwelz, Jean Watteau, en accomplissement d'un

vœu qu'il avait fait, élève à ses frais, à la place
même du chêne, un oratoire en forme de pyra-
mide ; et Lebrun, curé de la ville, pour rem-
placer l'ancienne image que le temps avait
détériorée, y fait placer une statue de chêne,
représentant la Vierge-Mère avec l'Enfant-Jésus
sur le bras gauche. Il la dénomme lui-même
Notre-Dame de Bon-Secours. La pose provoque
un commencement de pèlerinage qui, tout
d'abord, ne dépasse pas les environs.

Or, en 1636, la peste sévit dans le pays ;
les habitants de Péruwelz, conduits par leur
nouveau curé, Guillaume Denyse, se rendent
processionnellement au petit oratoire, pour
implorer la Vierge et être préservés du fléau.
Leur voix est entendue, celui-ci cesse, et dès
lors chacun se cotise pour bâtir, en cet endroit,
une véritable *chapelle*, sous le vocable de Notre-
Dame de Bon-Secours.

Depuis ce temps-là, petit poisson est devenu
grand, et le pèlerinage de Bon-Secours a fini
par donner naissance au hameau de ce nom
qui n'existait pas avant 1642.

Le premier sanctuaire, agrandi à cette époque a été démoli ; au premier juillet dernier, on a posé la première pierre d'un nouvel édifice ; on est en train maintenant d'en établir les fondations. Me croira qui voudra, mais pour les vrais pèlerins la nouvelle chapelle ne vaudra jamais l'ancienne avec ses vieux souvenirs.

Nos lecteurs désirent, je pense, visiter le bois qui, seul, se trouve dans notre département, Bon-Secours, proprement dit, appartenant à la Belgique. Les arbres sont la propriété de la famille de Croy, le parcours des allées est public.

Nous nous engageons sur la grand'route de Bon-Secours à Condé, passant, sans nous en apercevoir, de Belgique en France. Cette route coupe le bois en deux parties presque égales.

Bientôt nous tournons à droite et nous nous engageons dans l'une des allées : le *Sentier des Pauvres*, comme on l'appelle. D'où est tiré ce nom ? je l'ignore ; à moins, toutefois, qu'il ne provienne de la présence des mendiants dont pullule le sentier en question. Nous contour-

nons l'*Allée des Soupirs*, — passage obscur,
garni de magnifiques charmilles, où l'on doit
être bien pour soupirer à deux, — et nous
arrivons ainsi à la grille du château de l'Hermitage, justement situé en plein milieu du bois.

Ce nom de l'Hermitage, dit assez qu'il y eut
autrefois un ermite en ces parages — en 1402,
à ce qu'il paraît, au temps où, en parcourant
un bois, on pouvait y dénicher de temps en
temps quelque cénobite retraité. — Lorsque
l'ermite fut mort — il faut bien finir par là —
Roggendorf, seigneur de Condé, remplaça sa
cabane par un coquet rendez-vous de chasse.
La maison fut agrandie par Alexandre de Croy
en 1749, démolie et rebâtie en 1772 par un
Emmanuel du même nom, et finalement, en
1784, construite sur les bases actuelles par
Ferdinand-François, duc de Croy-Dulmen.

Allons visiter le château.

Celui-ci, autrefois décrit par Charles Deulin,
dans *Chardonnette*, est bâti en forme de carré
aux angles arrondis, avec quatre perrons d'as-

pect différent à chaque face et près de deux
cents fenêtres; il se déploie au bas d'une
immense pelouse, entre de superbes massifs
d'arbres séculaires. Tout autour, sur la ligne
courbe d'un chemin sablé, des plate-bandes
d'arbustes et de fleurs bombent leurs touffes de
verdure.

Un peu plus loin, sur une pièce d'eau,
nagent de beaux cygnes; à gauche, à demi
cachés sous les charmilles, les dépendances et
les jardins potagers. Le charmant édifice est
couvert d'une couche de badigeon jaune-clair,
qui, sur le fond vert du paysage, tranche plus
agréablement que ne le feraient les tons verdâ-
tres de la pierre de Grandglise. Il est convenu
que le badigeonnage est chose ridicule. Il met,
comme a dit Victor Hugo, un masque de plâtre
à la face vénérable des vieux monuments; mais
l'Hermitage n'a rien de vénérable, et Victor
Hugo eût été lui-même désarmé par sa jolie
teinte dorée.

Entrons.

L'intérieur est remarquable. Voici d'abord le vestibule, avec deux belles terres cuites colossales, Apollon et Diane, très remarquables. Les murs sont couverts des portraits des ancêtres de la famille de Croy, imposantes figures qui semblent nous regarder du haut de leurs cadres sculptés et blasonnés. Ces hommes d'un autre âge, sont pleins de majesté. Leurs noms sont inscrits au bas des cadres, en caractères gothiques et quelquefois indéchiffrables. Un certain nombre ne se distinguent que par un prénom, avec des numéros d'ordre, comme des rois. La plupart ont joué un rôle dans l'histoire. Ici, c'est Jean de Croy, chambellan et grand bouteiller de France, gouverneur d'Artois et du Boulonnais, tué à la bataille d'Azincourt, avec ses deux fils ; cet autre, que décore le collier de la Toison d'or, c'est Guillaume de Croy, seigneur de Chièvres, duc de Soria et d'Archies, gouverneur et commandeur des armées navales de Charles-Quint ; celui-ci a négocié la paix de Vervins ; cet autre... Mais je me lance ici dans

une nomenclature qui n'intéresse guère mes
lecteurs, j'ai tout l'air de singer *Hernani* et don
Gomez, montrant au roi Carlos les portraits de
ses ancêtres.

> Voici don Galceran de Silva, l'autre Cid !
> On lui garde à Toro, près de Valladodid,
> Une châsse dorée où brûlent mille cierges.
> Il affranchit Léon du tribut des cent vierges.
> Près de lui, Gil son fils, etc., etc.

Tous les lettrés connaissent la scène.

Je ne vous décrirai pas le salon central,
entouré de seize colonnes en stuc, surmontées
d'une galerie, le salon de réception, la salle de
billard, la salle à manger, la jolie chapelle du
second étage, etc.; je monterai de suite avec
vous sur la plate-forme de l'édifice.

On découvre de là le bois dans toute son
étendue, percé de mille petites allées, avec six
avenues bien taillées et sablées qui rayonnent
vers le château. Et si nous jetons les yeux plus
loin, nous voyons l'horizon devant nous se

déployant sur un parcours immense. Du fond
du paysage, à gauche, émerge la tour de Saint-
Amand, tout à côté le clocher de l'église
paroissiale, plus à droite la tour de Flines-lez-
Mortagne. Plus à droite encore, dans le lointain, la tour d'Antoing, et, en tournant un peu,
les cinq tours romanes de la cathédrale de
Tournai. Et de l'ouest vers le nord, les clochers
de Brasmesnil, Roucourt, Thumaïde et Wade-
lincourt. A vos pieds, le clocher gothique de
Péruwelz et les « ruines » momentanées de la
chapelle de Bon-Secours.

Mais voici que le carillon de la plate-forme
répand dans tout le bois ses notes douces et
joyeuses Il est temps de descendre : j'ajouterais
— si mon estomac ne m'avait averti — qu'il est
temps de manger.

L'après-midi, je visitai le bois.

Voici d'abord le Tapis-Vert — tous les bois
ont leur tapis vert — où, à l'instar du temps
passé, près d'une auberge avenante, l'on danse
tous les dimanches aux sons de l'orgue de

Barbarie. Près de là est le rond-point du Tapis-Vert, endroit agréable et très fréquenté, situé sur une élévation près de la limite du bois, et d'où la vue embrasse un vaste horizon.

Je note ensuite tous les géants de cette petite forêt : d'abord le chêne de la Duchesse, pas bien haut cependant, mais d'une envergure remarquable (8 mètres de circonférence), qu'on a entouré d'une grille pour empêcher les archéologues de circonstance de léguer quand même leurs noms à la postérité; puis le peuplier du Prince, l'arbre le plus haut du bois, de 4m60 de circonférence ; enfin, un gros hêtre, non dénommé.

En nous engageant sur la route de Blaton, nous voici au bois des Sapins, d'une étendue de 10 hectares environ. L'air résinifié qui s'en exhale a fait la réputation du bois entier.

Citons encore la borne du Maréchal, pierre saillant du chemin où l'on voit, représenté en relief, un personnage qui tire. Dessous on a inscrit : « Ici était le duc. » Plus loin, à

100 mètres de distance est la borne du Sanglier, laquelle porte cette explication beaucoup plus compréhensible : « Ici un sanglier fut tué à 312 pieds de distance, le 28 octobre 1761. » Quels tireurs que ces Croy, et comme ils font aujourd'hui rougir nos Nemrod de circonstance ! Il faut dire que depuis longtemps, — faute de sangliers — le coup ne saurait être recommencé. Raison de plus, par conséquent, d'en conserver le souvenir à la postérité.

Voici encore le banc du Prince, simple banc de pierre en ruines, sur une terrasse circulaire. On dit — que ne dit-on pas ? — qu'autrefois le maréchal de Croy venait là songer, et qu'il se remettait de ses émotions guerrières en considérant devant lui 22 clochers, que la coupe du bois lui permettait d'envisager. J'ai croyance aux vieilles traditions, mais il faut avouer que les arbres qu'on a, depuis cette époque, laissé croître à leur guise, nous empêchent de renouveler le songe du maréchal de Croy.

Pendant que nos lorgnettes nous aident à

considérer cet horizon, l'un de nous — *horren-dum !* — croit voir à une horloge des environs qu'il est l'heure... qu'il est l'heure du retour. Nos montres, aussitôt sorties de leurs goussets, confirment malheureusement cette mortifiante révélation, *Mane Thecel Pharès* inattendu.

Notre promenade touche à sa fin. Il faut nous arracher à la vue du feuillage, il faut revenir à Bon-Secours, dont nous sommes maintenant assez éloignés, et de là regagner Péruwelz. Marchons vite, ça entretient le cœur et l'esprit — *Mens sana in corpore sano*, comme disent les devises de nos sociétés de gymnastique.

En trois quarts d'heures nous avons regagné la gare et, quelques instants après, nous prenons joyeusement le train de Tournai, pour revoir bientôt nos cheminées du vieux Lille, que la verdure de Bon-Secours nous avait fait oublier un instant.

BOUVINES

———

IL y a des pays qui, plus que le nôtre, attirent les regards des peintres et des amateurs de la belle nature ; il n'en est point qui parlent plus haut à l'âme du voyageur instruit.

De quelque côté qu'il jette les yeux dans ces vastes plaines que couvrent de riches moissons, il rencontre des champs de bataille ; en quelque endroit qu'il porte ses pas, il s'arrête, craignant de fouler d'un pied profane la cendre des héros.

Triste, mais glorieux privilège des pays fron-

tières d'être ainsi le théâtre où de puissants
voisins viennent, après une course égale, vider
leurs différends :

> Près de la borne où chaque État commence,
> Aucun épi n'est pur de sang humain.

Bouvines ouvre cette série de batailles mémorables que termine Waterloo.

J'avais visité Waterloo

J'avais gravi ce tertre colossal que surmonte
le lion grimaçant de la Sainte-Alliance, mons-
trueux *ex-voto* promis à la victoire par la crainte
de la défaite.

J'étais curieux de visiter Bouvines, où se livra
aussi un combat qui offre, par les circonstances
qui l'amenèrent, plus d'un point de rapport
avec Waterloo.

En 1214, comme en 1815, une grande gloire
avait attiré l'envie ; une belle proie avait excité la
convoitise ; une immense coalition enveloppait
la France d'un réseau de fer.

A ces deux époques, le but avoué était de

réfréner l'ambition d'un homme; le but secret, c'était de partager ses États. Dans l'armée de Philippe, comme dans celle de Napoléon, il y avait la trahison sous l'armure de quelques chefs et la haine de l'étranger au cœur des soldats.

Mais Dieu protégea l'oriflamme de la France, et devant elle s'envola épouvantée l'aigle des Germains, qui plus tard devait déchirer de son bec crochu notre drapeau tricolore.

Bouvines est un petit village, à dix kilomètres de Lille. On suit, pour y arriver, la route de Tournai jusqu'à la *Maisoncelle*, auberge ainsi appelée probablement à cause d'une petite maison sculptée dans la muraille, et qui lui sert d'enseigne.

En face de cette auberge se trouve le chemin de Sainghin-en-Mélantois. On trouve le village en laissant l'église à gauche, et l'on arrive à la Marque et au pont de Bouvines. C'est en remontant le plateau sur lequel est bâti le village que l'on aperçoit, au nord-est, les champs où se donna la fameuse bataille qui les immortalisa.

J'avoue que j'espérais rencontrer sur les lieux, sinon des monuments ou des traditions à interroger, du moins quelque *cicerone*, comme il en pleut à Rome, à Londres, à Bruxelles, partout enfin où la curiosité peut appeler le voyageur. Nous vivons dans un temps où l'on tire parti de tout, où l'on exploite notamment, avec avantage, le *touriste*. Il n'est pas d'arbre ayant prêté son ombrage à quelque héros, de masure, abri précaire d'un prétendant déconfit, de clou ayant servi à accrocher le chapeau d'un grand homme, que l'on ne montre pour de l'argent, sauf à renouveler de temps en temps la marchandise. Les tabatières du grand Frédéric se comptent par centaines, et le clou de Napoléon Ier en est à son quinzième remplaçant.

Bouvines, par sa position rapprochée de Lille, par les souvenirs classiques de sa bataille célèbre, par la popularité que l'Opéra de Sargines lui a donnée auprès des esprits superficiels, me paraissait un but merveilleux de pèlerinage sentimental. Je voyais déjà en perspective, près du mont

des Tombes, l'invalide de rigueur, avec son
costume moyen-âge ; je m'extasiais déjà devant
son érudition de contrebande.

Je fus déçu dans mon espoir, et bien me prit
d'avoir apporté avec moi le récit de Guillaume
Le Breton et l'excellent mémoire de Lebon.

Tout le monde connaît les causes de cette
guerre. Les vastes conquêtes de Philippe-Auguste
et l'extension de son autorité avaient, depuis
longtemps, inquiété les princes voisins et les
hauts barons du royaume. On lui attribuait la
pensée de reprendre l'œuvre de Charlemagne.
Tous les intérêts menacés se réunirent dans une
immense coalition, dans laquelle s'empressa
d'entrer Jean d'Angleterre, impatient de con-
quérir ce qu'il appelait son héritage de France ;
les Flamands, de leur côté, indépendamment
de leurs anciens griefs contre Philippe, qui
venait de brûler Lille, étaient encore excités par
une prophétie qu'un nécromant avait faite :

« On combattra, avait dit le magicien, le roi
sera renversé à la bataille et foulé aux pieds des

chevaux, et pourtant il n'aura pas de sépulture, et Ferrand sera reçu à Paris en grande procession après la bataille ».

Après avoir rassemblé ses *hosts* en Hainaut, au *chatel* de Valenciennes, l'empereur Othon, à la tête de 150,000 hommes, s'était mis en marche vers Mortagne. Philippe, de son côté, parti de Péronne, où chevaliers et bourgeois s'étaient rangés avec empressement sous son royal gonfalon, s'était dirigé vers Tournai, qu'il avait occupé en *ardant* et *dégâtant* tant à *dextre* qu'à *sénestre*. Tout semblait annoncer que la lutte se serait engagée entre ces deux villes. Mais la nécessité de trouver un terrain plus favorable à l'action de la cavalerie, qui faisait la principale force de son armée, détermina le roi à repasser la Marque pour regagner Lille, et, de là, entrer en pleine voie dans les plaines du Hainaut. Ce mouvement fut considéré comme une retraite par Othon, qui suivait le roi d'assez près et à l'insu de ce dernier, et il voulut profiter, pour l'attaquer, du moment de désordre inséparable du passage d'une rivière par un seul point. Philippe, en effet, plein de confiance, n'avait pas fait jeter de ponts sur la Marque.

Chose extraordinaire, la bataille qui, comme on le sait, se termina par la victoire du roi, ne démentit en rien la prophétie du nécromant. Philippe fut bien renversé de son cheval par le croc de la hallebarde d'un soldat et foulé aux pieds, mais, s'il toucha terre, il n'y trouva pas la sépulture, grâce au dévouement de Tristan, qui lui prêta son propre cheval. Ferrand aussi fut reçu à Paris en grande procession après la bataille, mais vaincu, mais captif, ainsi qu'il conste du vieux jeu de mots qui donne au calembourg une origine bien ancienne :

« Quatre ferrands, bien ferrés, menaient Ferrand bien enferré. »

Je laisserai aux curieux lillois le soin de rechercher dans les annales du temps le récit des prouesses de Philippe-Auguste et du chevalier Garin.

Et je ne saurais trop leur conseiller de se

rendre eux-mêmes, comme je l'ai fait, sur les lieux, et d'évoquer les acteurs du grand drame qui s'est joué en 1214.

La scène n'a guère varié.

Voici le pont ;

Voici la Marque, encaissée aujourd'hui entre deux rives fertilisées qui ont remplacé les marécages où s'abîmèrent les bataillons de Salisbury ;

Voici le plateau de Cysoing, d'où déboucha l'armée d'Othon ;

Voici l'église encore sous l'invocation de Saint-Pierre.

Peut-être est-ce là que Philippe, déposant sa couronne sur l'autel, l'offrit au plus digne de commander.

Je sais fort bien que des écrivains distingués, que M. Thierry entre autres, rejettent comme une invention extravagante cette scène si dramatique dont la popularité leur paraît un scandale historique ; mais je déplore leur insistance à effacer de nos annales un fait si beau, si royal, et qui, encore aujourd'hui, remplit les cœurs d'admiration. Il n'y a de populaire que ce qui est noble et grand, et tout ce qui a ce caractère doit, à mon avis, être conservé religieusement, quand même l'authenticité n'en serait pas entièrement établie. C'est le cas de répéter, avec les Italiens : *si non e vero, e ben trovato.*

L'histoire n'est pas une science exacte ; il ne faut pas la dépouiller de sa poésie, surtout quand elle est consacrée par six siècles de croyance : une certaine exagération de proportions est nécessaire dans les tableaux qui doivent être vus de loin.

Aujourd'hui, c'est une triste mode de nier tout ce qui sort de la vie ordinaire. Que gagne-t-on à disséquer ainsi l'histoire, à dégager les faits de l'auréole qu'y attache l'admiration contemporaine ou posthume? Je n'en sais rien ; à coup sûr, on perd de beaux et nobles modèles, propres à inspirer les générations à venir.

Ne nous inquiétons pas si ce mouvement de Philippe n'est pas dans Le Breton ; qu'il soit

cité, inventé même par le moine Richérius;
qu'il ait été amplié par Anquetil et l'abbé Velly;
qu'il ait même fourni une scène à un opéra
comique, peu nous importe : il est chevaleresque, il est en même temps politique ; tenons-
le pour vrai, et glorifions-en le roi, comme nous
allons tout à l'heure glorifier le peuple ; car,
pour être juste, nous n'oublierons pas de rappeler que, pour la première fois dans notre
histoire, les communes, c'est-à-dire le peuple,
combattirent avec ardeur aux rangs avancés, et
avec la conscience du devoir national qu'elles
remplissaient, en repoussant une invasion
étrangère.

Le Breton nous dit que les communes avaient
dépassé le pont quand le roi fut attaqué : le
même auteur nous apprend que, bientôt rappe-
lées, elles revinrent se placer en face de l'ennemi,
en outrepassant même les *premières batailles*
des chevaliers, et le même historien nous raconte
encore avec orgueil qu'à l'aile droite, ce furent
cinquante sergents de la vallée de Soissons, *tous*

roturiers, qui engagèrent le combat contre les chevaliers de Ferrand.

Hélas ! me suis-je écrié en traversant la Marque pour regagner, par la traverse, le village de Sainghin et la route de Lille ; pour d'autres que pour l'homme qui peut trouver dans ses souvenirs d'études les moyens de repeupler les lieux des personnages qui les animaient il y a six siècles, que reste-t-il aujourd'hui du champ de bataille de Bouvines ? Un monument maigre et modeste d'abord ; puis, au dire du cadastre, d'excellentes terres de première classe ; des laboureurs heurtant d'un soc indifférent, l'antique dépouille des bataillons ; et le mont des Tombes, vestiges des temps historiques, aujourd'hui de la base au sommet magnifiquement planté de colza ! *Sic transit gloria mundi* !

LA

TOURELLE DE WATTEN

———

IEN des gens ignorent que Watten est dans le Nord.

L'erreur est manifeste, mais elle est acceptable pour deux raisons. La première, c'est que nous n'avons précisément pas affaire à une capitale, voire même à un chef-lieu de canton; la seconde, c'est que Watten, sur les confins du Pas-de-Calais, exige, pour être atteint, un parcours assez long sur le département voisin, et un arrêt à la station de Saint-

Omer, que nous n'avons pas l'honneur de posséder.

Cependant Watten est bien nôtre, et c'est à ce titre que je m'y suis rendu.

Les touristes revoient toujours ce bourg avec plaisir, non seulement pour y jouir de la verdure du bois qui l'avoisine — vue qui n'est pas à dédaigner pour des citadins endurcis comme nous sommes, — mais surtout pour contempler l'horizon, pour admirer son panorama du haut de cette fameuse « tourelle de Watten » que tous nos Lillois, en villégiature pour Calais, ont pu considérer à l'arrêt du train.

Songez donc! 72 mètres au-dessus du niveau de la mer, c'est quelque chose pour cet arrondissement de Dunkerque, plat partout comme une table, voire même profondément creux du côté des Wateringues, et où l'on ne trouve en tout que deux monticules : celui de Watten et celui de Ravensberg (25 mètres). Il est vrai que Cassel a 158 mètres, à sa plus grande hauteur, mais les Marseillais de ce côté de la Flandre

considèrent Watten comme une petite canne-
bière — je veux dire comme un petit Cassel.

Joli pays d'ailleurs, bâti dans un vallon au
pied du monticule, séparé en deux par l'Aa,
dont un bras de décharge forme une île ravis-
sante, et, qui mieux est, riche en souvenirs
historiques.

Autrefois cependant — c'est la chronique qui
parle, et la chronique commence comme tous
les contes de Perrault, — il n'y avait là qu'un
désert et des bruyères. C'est peu. C'est même
ce qui avait fait baptiser l'endroit *Wœstynen*,
landes, en flamand, latinisé en *Waslinæ* et
Walanum, et francisé en *Watten*.

Que les temps sont changés ! Aujourd'hui,
Watten est bel et bien habité et l'on y va comme
on va à Cassel, y faire de ces pèlerinages de
touristes qu'aiment à se payer les amoureux de
leur pays, ceux qui se sentent tressaillir lors-
qu'on détaille devant eux les qualités de leur
département.

Et Watten a mille qualités.

Montez donc avec moi, si vous le voulez bien.
à cette éminence minuscule, et gravissons la
tourelle qui la surmonte, en comptant, pour ne
rien oublier, les marches de l'escalier qui conduit
au clocheton. J'ai toujours remarqué que cette
façon prosaïque de monter rendait toujours
beaucoup plus beau ce qu'on y voyait du haut.

C'est bien malheureux qu'il n'y ait pas au
faîte un album où je puisse émarger ce qu'ins-
crivait M. Perrichon, dans son fameux voyage
« au-haut de la mer-re de glace », car en regardant du côté de Calais, on jouit, à cette hauteur,
d'une vue de la mer où le soleil a des scintille-
ments qui rappellent ceux des glaciers.

Mais comment cette tourelle de Watten,
aujourd'hui propriété de l'Etat, est-elle venue
se percher là-haut ? C'est ce qui m'intriguait,
j'ai voulu savoir le fin mot.

On m'a bien répété qu'il y avait autrefois en
ces lieux un monastère ; mais comme cela ne
me suffisait pas, je me suis mis à dépouiller
plusieurs kilogs de vieux bouquins.

Et voici ce que j'ai appris, s. g d. g., bien
entendu :

En 1072, un individu du nom d'Adam —
rien du premier homme — se mit en tête de
fonder un monastère sur le terrain de Watten,
alors couvert de débris et absolument inculte.
Pour laisser aux moines une poire pour la soif,
il leur fit cadeau de ses biens. Et le dit monastère grandit, grandit, — si bien que, pris sous
la protection de Robert de Jérusalem, comte de
Flandre, il fut doté par lui de propriétés consi-
dérables et converti en une prévôté de chanoines
réguliers de l'ordre de Saint-Augustin.

Au dire des manuscrits d'Hendricq , les
propriétaires touchaient, par an, 180,000 florins
de revenus. On n'y allait pas de main morte, en
ce temps-là.

Mais en 1560, ces revenus furent annexés au
nouvel évêché de Saint-Omer, qui s'engagea à
nourrir les religieux de la montagne.

Tout ne fut pas rose, malgré leurs richesses,
dans la vie des retraités de Watten : bien sou-

vent, ils eurent maille à partir avec la milice,
au moment des troubles de la Flandre maritime, et notamment en 1579, avec un certain
François de la Noue, maréchal des camps, chef
français-huguenot, qui, à la tête de 600 aven-
turiers de diverses nations, vint s'imposer un
logement au monastère, y plaça des garnisons,
et, pour remercier les religieux, mit le feu à
leur couvent. Les chanoines se dispersèrent.

A partir de cette époque, l'habitation subit
des vicissitudes sans nombre.

Nous voyons le couvent rebâti en 1592, par
le cinquième évêque de Saint-Omer, Mgr Jean
de Vernois. Mais ce n'est qu'en 1607 qu'il en
est de nouveau pris possession et que, sur la
demande des archiducs Albert et Isabelle, les
Jésuites d'Angleterre, chassés de leur pays
comme les autres catholiques, viennent s'y
installer. Après la dissolution de l'ordre, en
France, les Jésuites doivent se retirer : le Parlement de Flandre, en 1765, établit à leur place
un collège catholique anglais.

Survient alors une difficulté.

L'évêque de Saint-Omer, qui s'était donné la peine de rebâtir le couvent, qui, de plus, en était le seul propriétaire, de par la loi, entendait, comme de juste, en toucher les revenus. La mission anglaise, installée par le Parlement, prétendait au contraire les palper à sa place. D'où procès.

Et quand surgit un vrai procès, mes amis, un procès pour de bon avec grimoires à l'appui et interlocutoires à la rescousse, les parties ont tout le temps de dormir avant d'en connaître la solution.

Ce ne fut qu'après bien des années, lorsque le couvent, tout lézardé, tombait presque en ruines, au moment où les cloches en avaient été vendues, qu'on en ac orda la propriété à Mgr Hilaire de Conzé, alors évêque de Saint-Omer, sous charge de donner aux occupants quelques razières de blé. Décision très juste en vérité, mais qu'il eût mieux valu faire connaître plus vite.

Alors, pour éviter des réparations qui deve-
naient inévitables, l'évêque fit tout démolir,
excepté la tourelle seule et les murailles qui
fermaient les jardins.

Et voilà pourquoi, en l'an de grâce 1885, les
touristes peuvent encore monter à la tourelle
de Watten, seul vestige de ces temps troublés.

Pour arriver aux mains de l'Etat, la filière
est maintenant bien simple. A la révolution,
comme on faisait main basse sur tous les biens
du clergé, la tourelle de Watten fut vendue
comme bien national. Elle fut acquise pour peu
de chose et la première pensée des acquéreurs
fut de tout mettre à bas pour cultiver le terrain.

Mais, je ne sais si la pensée de voir un champ
de betteraves à la place de la tour de Watten
parut chose drôle aux yeux de nos pères de 93,
qui pourtant n'étaient pas des poètes. Toujours
est-il qu'on empêcha les nouveaux propriétaires
de saper le monument, sous prétexte qu'il ser-
vait — alors comme aujourd'hui — de point de
repère aux navigateurs. Un nouveau procès

surgissait à l'horizon, quand le gouvernement trancha ce nœud gordien, par l'acquisition de la tourelle et du terrain qui la supporte.

Le bourg actuel de Watten est au bas du monticule, tandis qu'au contraire, l'ancienne ville fortifiée se trouvait au sommet. Il y a cependant, entre l'un et l'autre, quelque filiation — un certain cousinage, — à en juger par l'ancienneté de quelques fondations placées sur les rives de l'Aa.

Je n'ai pas l'intention de vous raconter par le menu l'histoire de Watten, autrefois du ressort de la chatellenie de Cassel, ce serait entreprendre toute celle de la Flandre maritime.

Mais si l'on songe à l'excellente situation de cette ville, à sa position fortifiée au sommet d'une colline voisine de la mer, on se rendra facilement compte de l'importance militaire qu'on pouvait y attacher.

Elle supporta, entre autres, nombre de sièges, dont le plus important est celui de 1296, par Robert d'Artois, lors de l'invasion de la Flandre

par Philippe-le-Bel, et elle passa successivement
de la domination de la France sous celle de
l'Espagne et *vice-versâ*, suivant que l'un ou
l'autre peuple domina dans la Flandre maritime. En 1659, la paix des Pyrénées la laissa à
l'Espagne; mais en 1678, la paix de Nimègue
la rendit à la France, comme faisant partie de
la chatellenie de Cassel. Elle perdit, dès ce
moment, son importance et ses fortifications
furent plus tard démolies.

Il paraît que Watten avait ses seigneurs, qui
habitaient un castel quelconque attenant au
monastère. Le dernier qui séjourna à Watten
fut Jean d'Haverskerke : si nul ne lui succéda,
c'est qu'il mourut en 1686 sans progéniture
mâle. Sa fille Catherine se maria plusieurs fois,
et finit par épouser Colard de la Clite, sire de
Comines et de Renescure, qui séjournait d'habitude dans ce dernier village. De ce mariage
naquirent plusieurs enfants, dont l'historien
Philippe de Comines — Philippe de Comines,
seigneur de Renescure! Il est bien des gens qui
ignoraient cette filiation.

Enfin, pour tout vous dire sur Watten, la ville était, autrefois, l'objet d'un pèlerinage important à saint Gilles. Aujourd'hui, il n'en est plus question, mais l'église du bourg, bâtie au XVIIe siècle, est encore consacrée à ce saint.

D'aucuns pourraient hésiter à entreprendre le voyage de Watten, rien que pour voir une tourelle et un beau point de vue. Ils auraient tort ; tout cela vaut la peine d'être connu.

Mais pour les plus difficiles, il y a moyen de tout concilier, en rendant l'excursion mi-partie Nord, mi-partie Pas-de-Calais.

Qu'ils partent de Lille un beau matin pour Saint-Omer — là ils visiteront la tour de Saint-Bertin et la cathédrale — vers midi, ils prendront le train pour Watten, où ils dîneront. Finalement, ils reviendront à pied par le bois de Watten et le hameau de Wattendam, sur la Colme, à la gare de Watten-Eperlecques. Et ce sera complet.

Expecto crede Roberto.

L'ABBAYE DE VAUCELLES

―――

Dix kilomètres de Cambrai, dans un site agréable et riant, se trouvent les ruines de l'abbaye de Vaucelles.

Jolie visite à faire par un beau jour d'été, alors que la brise est encore perceptible, et qu'un soleil de saison ne terrasse pas le marcheur sous ses ardeurs de plomb.

La route qui y mène, de Cambrai à Crève-cœur, est, jusqu'à ce dernier village, presque vierge d'habitation : de riantes moissons qui ondoient au moindre vent; de vertes prairies où mugissent les troupeaux de bœufs des grandes fermes du Cambrésis ; voilà ce qu'on y trouve pour reposer la vue.

A un bout de la route, Cambrai, — avec le ménage hors de pair, Martin et Martine, qui surmonte le campanile de sa mairie, et qui, grâce aux horlogers de la ville, marche toujours d'accord depuis 1810, — à l'autre bout, Crève- cœur, sur le territoire duquel est l'abbaye de Vaucelles.

Crèvecœur ne saurait laisser indifférent le promeneur : les archéologues peuvent s'y que- reller sur la question de savoir si c'est sur son territoire ou sur la Sambre que César défit les Nerviens ; les historiens peuvent à leur tour s'y rappeler les sièges qu'elle a supportés au temps où elle fut fortifiée ; le touriste, enfin, s'aperçoit aisément qu'il traverse un village pittoresque de tous points.

Une partie s'en trouve dans un vallon, c'est Crèvecœur proprement dit : l'autre partie s'étend sur une colline : on l'appelle les Rues des Vignes.

A Crèvecœur sont les fermiers, les gros propriétaires ; dans les Rues des Vignes, un peuple un
peu bohême, une caste qui, de père en fils,
exerce le métier de haleurs de bateaux, grâce au
canal de Saint-Quentin (l'Escaut canalisé) qui
sépare les deux hameaux.

Quoique bien faits pour s'entendre, Crèvecœur et les Rues des Vignes sont deux frères
ennemis. Mon compagnon me raconte qu'au
temps de la ducasse, nul habitant de Crèvecœur
n'oserait ces jours-là passer l'eau, car ce serait
trop belle fête pour les gars des Rues des Vignes
que de lui faire boire un coup

Mais j'imagine que mon ami a fait ici la
mauvaise langue, et n'a été que l'écho de can-
cans de mauvais lieu.

Ce qui doit lui donner raison cependant c'est
que s'il n'y a qu'un seul maire, il existe dans
le village deux paroisses, deux écoles, deux
musiques... et deux compagnies de pompiers.
Je me demande si, en cas d'incendie, les ressen-
timents disparaîtraient.

Crèvecœur, émaillé de belles fermes, est
coquet et agréable à voir, on y sent le fermier
riche et cossu ; le voyageurs peut y remarquer,
comme souvenir historique, deux tours massives
et une muraille, restes d'un château de l'an 1119,
qui témoignent de la haute antiquité du village.
Mais le monticule des Rues des Vignes, plus
pauvre et plus populeux, a une situation autrement pittoresque.

On peut se demander pourquoi ce nom de
Rues des Vignes ? Après enquête j'ai appris
qu'autrefois sur ce côteau croissaient des raisins
rhénans qui produisaient, m'a-t-on dit, un petit
vin blanc de haut goût rappelant le Johannis-
berg. En le traversant, en vérité, je regrettai
beaucoup qu'il ne le produisit plus.

Au sommet de la colline, on s'arrête devant
l'église, — un temple d'architecture romane,
dernière époque, — absolument construite en
briques, même les voûtes. C'est, je crois, le seul
échantillon qui existe du genre . résultat, à ce
qu'on dit, d'un pari entre architectes. Archi-

mède prétendait que la brique suffisait à tout,
Phidias y mettait des réserves. Un beau jour,
on eut à construire une église aux Rues des
Vignes, et ce jour-là, Archimède, — représenté
par un Artésien, M. Grigny, — exécuta un
chef-d'œuvre de briques pour montrer qu'il avait
raison. La construction parut originale; pour
un peu on allait proclamer la suprématie de la
brique. Mais le diable s'en mêla et la pratique
vint peu à peu saper ce qu'avait permis d'édifier
la théorie. C'est qu'en effet, si le monument est
beau, les réparations, dans ce dédale de tou-
relles et clochetons de briques, sont d'une
extrême difficulté; et il paraît que les fidèles, en
chantant l'*Asperges me*, voient leur souhait, aux
jours de pluie, superabondamment accompli.
Et Dieu sait si, dans le Nord, les jours de pluie
sont fréquents!

L'abbaye de Vaucelles est dans un bas-fond,
non loin des Rues des Vignes : elle tire son
nom de sa situation, car *Vallis cella* veut dire
abbaye de vallée. C'était un monastère de

l'ordre de Citeaux, fondé en 1132 par saint
Bernard, l'apôtre de la seconde croisade, à la
suite de la conversion du seigneur Hugues
d'Oisy, châtelain de Cambrai : sa suppression
date de la Révolution.

Le visiteur s'y promène aujourd'hui comme
dans une ville morte de l'Orient ; tout y est froid
et silencieux, glacial et absolument calme. Mais,
si l'histoire à la main, il veut bien se rappeler
les épisodes dont elle fut le théâtre, il trouve ce
lieu plein de souvenirs et véritablement vivant
par les faits glorieux qu'il rappelle.

C'est là qu'en 1529 séjourna Louise de Savoie,
mère de François Ier, se rendant à Cambrai
pour négocier la Paix des Dames ; c'est là
encore qu'en 1556 Henri II et Charles-Quint
signèrent une trève de cinq ans, trève fameuse
entre l'Empire et la France, qui ne dura que
l'espace d'un matin, et qui, après deux ans
d'hostilités, dut être renouvelée dans la même
abbaye, entre Henri II et Philippe II. A tout
instant, d'ailleurs, l'histoire du Cambrésis
signale ce monastère dans ses fastes.

Ce coin de notre département avait, on le voit, une importance considérable.

Les abbés de Vaucelles, depuis le xvie siècle, comme d'ailleurs la plupart des abbés réguliers, ne sortaient qu'en carosse à quatre chevaux, ce qui dénotait clairement qu'ils étaient richissimes. Membres-nés des États du Cambrésis, ils les présidaient en l'absence de l'archevêque, et autour d'eux s'empressait une armée de serviteurs, vassaux et tenanciers. J'ajouterai qu'aux jours de fêtes, ils savaient faire usage de leurs richesses et que 3,000 pauvres étaient nourris par leurs soins.

Les moines, qui du temps de saint Bernard, ne dépassaient pas vingt avaient rapidement fait boule de neige. Un siècle plus tard on en comptait 240 ; il y en eut plus de 700. On peut juger de l'étendue de l'abbaye par ce fait qu'en 1205 les murailles, au dire des chroniqueurs, comprenaient une lieue de circuit : on en voit d'ailleurs encore une partie curieusement échancrée pas le temps et qui s'étend sur une

centaine de mètres de chaque côté de l'ancienne
porte d'entrée, dont l'étage, ancien logement
du concierge, sert aujourd'hui d'habitation à un
tenancier du pays.

Vers le milieu du xIII^e siècle, le monastère
était si grand qu'il y logeait tout un monde. Il
avait son église à lui, ses cours, ses rues, son
hôtellerie pour les étrangers, son hospice pour
les voyageurs pauvres, son moulin, qui existe
encore sur l'Escaut et que l'on côtoie avant
d'arriver, de longues murailles d'enceinte enfin
flanquées d'échauguettes.

La tourmente révolutionnaire a fait sombrer
tout cela : de ces débris d'un autre âge, il reste
encore à visiter le palais abbatial, le dortoir des
moines, leur chauffoir, leur salle capitulaire,
la métairie et quelques constructions isolées.

Le palais abbatial sert aujourd'hui de maison
de campagne à Madame Valpinson-Bonnair,
propriétaire des ruines. Cette dame y vient dans
la belle saison troquer l'air de Paris contre l'air
pur de la vallée. Rien à y remarquer d'ailleurs

sous le rapport artistique, sauf un plafond décoré de rinceaux bien modelés entourant les armoiries de Vaucelles, et la rampe de l'escalier d'honneur en fer forgé d'un beau travail.

A son extrémité sud, on visite le cloître, de 75 mètres de long sur 22 mètres de large, d'un ensemble lourd, massif, sans ornement, vrai monument cistercien dans sa rude austérité. Ce bâtiment durera des siècles : j'ai vu là des murs de deux mètres d'épaisseur qui peuvent défier les révolutions. Le vandalisme moderne a essayé de l'utiliser, car on y établit un moment une fabrique de glaces, puis une filature de coton, mais cette profanation n'a pas duré.

Le chauffoir (*calefactorium*), est au rez-de-chaussée. C'est une grande pièce munie d'un foyer, autour duquel les religieux pouvaient, pendant les grands hivers, se préserver contre le froid On leur permettait par exception de succomber à cette tentation. J'y remarque douze piliers gigantesques et vingt pilastres supportant une voûte romano-ogivale à nervures lourdes et grossières. La cheminée du foyer n'existe plus : celle d'aérage se voit encore.

Après le chauffoir, la salle capitulaire, divisée en trois nefs de six mètres chacune, par des piliers à grandes nervures. C'est ici que les moines venaient entendre la lecture, traiter des affaires spirituelles et temporelles de l'abbaye, ou enfin s'accuser publiquement des fautes commises contre les observances extérieures. (J'aurais voulu assister à l'une de ces confessions publiques.)

Et savez-vous aujourd'hui à quoi l'on utilise ces ruines si pleines de souvenirs ? On s'en sert comme magasin à fourrage et dépôt de harnachement !

Ah ! comme ces pauvres abbés, qui dorment aujourd'hui bien tranquilles sous leurs pierres tombales, rentreraient bien vite au repos éternel si l'envie leur prenait jamais de revoir leurs pénates ainsi transformés !

En montant à l'étage, nous entrons dans le

dortoir : 72 mètres de long sur 19 de large.
C'est là que jeunes et vieux ronflaient gaillar-
dement côte à côte, et se réveillaient ensuite
au milieu des ténèbres, pour réciter l'office de
ce nom. Moi qui aime à goûter les douceurs
d'un bon lit, je ne puis m'empêcher de trouver
ces moines bien méritants. Mon compagnon
est d'avis que cette salle de caserne ferait une
jolie pièce pour réunions électorales; mais je
ne me figure pas du tout la politique à Vaucelles.

En sortant de l'abbaye, nous visitons la
métairie, aujourd'hui belle et riche ferme,
appartenant à M. Desmoutiers, l'habile agri-
culteur et maire de Crèvecœur. On y a ajouté
une élégante maison d'habitation, et à l'extrémité d'un vaste jardin, une chapelle gothique,
sur les plans de M. de Baralle. Je me rappelle,
en voyant la basse-cour, que Crèvecœur est la
patrie de ces belles poules noires huppées
auxquelles il a donné son nom.

En face de la ferme, sont plusieurs grands

trous, cultivés sur toute leur étendue en betteraves et en céréales. Ce sont là, me dit-on, les
anciennes pêcheries du monastère :

> Les étangs où la carpe faisait mille tours
> Avec le brochet son compère.

Les moines qui aimaient le poisson d'eau
douce, pouvaient se payer de succulents ven-
dredis, où plutôt faire une éternelle pénitence
s'ils se sentaient jamais quelque penchant pour
la viande.

A signaler encore les ruines des anciennes
granges. Il y en eut six, à ce qu'on prétend ;
mais, celle de Montécouvez, bâtie en pierre de
taille et longue de 100 mètres, a toute une
histoire à elle. Il y est question du diable,
comme dans beaucoup de légendes du Nord, et
je vais vous la raconter :

Un jour, donc, le fermier de Montécouvez
eut l'idée de bâtir une grange. Le brave homme
se promenait à pas lents sur les terres de Crèvecœur, réfléchissant aux moyens de satisfaire son

désir : mais, en regardant au fond de sa bourse, il n'y voyait que .. le diable. Ce fut le diable, en effet, qui se présenta à lui, sous les traits d'un propriétaire en tournée d'inspection de ses terres.

Que se passa-t-il entre lui et Satan? Je l'ignore. Toujours est-il qu'un traité fut bientôt conclu : le fermier donnerait son âme — chose impalpable s'il en fût — le démon donnerait la grange. Mais il était bien entendu cependant que si, au chant des coqs, la grange n'était pas terminée, l'âme en question cessait d'être engagée.

Drôle de traité, me direz-vous ? Je ne discute pas la chose. En ce temps là, ça se faisait ; de nos jours, le diable n'y met pas tant de façons.

Bref, aussitôt les plans se tracent, les matériaux se préparent, une troupe de diablotins se met à l'œuvre et pendant que tout dort à la ferme, la grange s'élève dans le silence.

Mais à deux heures du matin, les démons oublient toute prudence. Les voilà sûrs du succès. En avant les coups de maillet.

La domestique du fermier s'éveille à ce
vacarme infernal, c'est le cas de le dire. Qu'y
a-t-il ? Qu'entend-on ? Elle va toujours avertir
son maître. Hélas ! celui-ci ne sait que trop ce
qu'on entend, déjà il regrette son traité, il finit
par tout avouer à sa servante. Et celle-ci,
aussitôt — ah ! que les femmes ont de l'esprit !
— de renverser le poulailler ; et les coqs réveillés
de chanter à l'envi ! Ce n'est pas plus difficile
que cela.

L'édifice n'était pas achevé, le démon perdait
la partie. Dans sa honte, il prend la fuite avec
ses diablotins, et laisse au fermier une grange
comme on n'en rencontre pas à cent lieues à la
ronde. Voilà l'histoire de la grange de Montécouvez.

Et voilà comment, ajouterons-nous, même
en étant le diable, il est nécessaire de se défier
du sexe faible. « Bien fol est qui s'y fie »,
comme on chante dans *Rigoletto*.

Signalons encore, avant de quitter l'abbaye,
ce qui reste de l'église du monastère : trois ou

quatre socles en calcaire bleu de Tournai, à demi cachés sous l'herbe, dont la disposition simule un chœur en rond-point, et qu'on montre aux visiteurs derrière le palais abbatial, dans une prairie qui fait suite aux ruines.

Mais le temps passe rapide dans cette visite intéressante ; l'heure du retour a sonné. Après un confortable repas, auquel nous faisons honneur avec l'appétit que nous a donné la marche... et le plaisir satisfait, — nous voici derechef sur la route de Cambrai.

Nous nous détournons cette fois du chemin d'arrivée et passons par le mont Bonavis (territoire de Banteux), que domine l'immense ferme de la famille Crépin, — encore une ancienne dépendance du monastère, l'un de ces bâtiments ruraux que des frères convers exploitaient au profit de l'abbaye et devant lesquels une lampe brûlait toute la nuit dans une petite niche au-dessus de la porte, comme un fanal destiné à guider les voyageurs égarés, qui pouvaient y trouver l'hospitalité d'un jour. Nous sommes

ici à l'endroit le plus haut du département :
huit mètres au-dessus du mont Cassel. Mais,
en raison de la latitude élevée des terrains qui
nous entourent, j'y cherche en vain les agréables
points de vue qui procurent à l'œil un plaisir
si vif sur d'autres sites du département.

Voici bientôt Masnières, avec ses verreries et
ses fabriques de sucre : dans tout le pays que
je traverse, le pittoresque ne le cède qu'à la
richesse de la culture. Voici enfin Cambrai,
notre point de départ.

Ce soir-là, en rentrant à Lille, je pouvais
assurément marquer sur mes tablettes une
agréable excursion de plus dans notre cher
département, et me dire avec raison comme
Titus satisfait : « Je n'ai pas perdu ma journée. »

LA

TOUR DE SAINT-AMAND

—

E n'oublie jamais chaque année de visiter Saint-Amand.

N'allez pas croire que je sois cousu de rhumatismes ou que je professe une prédilection quelconque pour les bains de boue.

Non, ce n'est pas cela.

Mon pèlerinage consiste simplement à aller dîner chez un mien ami, par un beau jour d'été, ce qui me procure le plaisir de faire une promenade dans le bois et de revoir dans la ville la célèbre « tour de Saint-Amand », qui n'a rien de commun avec les monuments lillois que nous a légué feu Benvignat.

Cette tour est tout ce qui reste d'une église bâtie en 1662. par un certain Nicolas Dubois. que ses fonctions d'abbé de Saint-Amand n'empêchaient pas de manier l'équerre en maître.

A en juger par ce qu'il a laissé, ce devait être un homme très fort, absolument né le compas dans l'œil, avec une âme d'artiste sous la bure monastique.

Son œuvre s'aperçoit à la descente du train. On se demande ce qu'est ce bizarre édifice ; on approche, et, sous un chaud rayon de soleil, on trouve qu'il n'est ni plus ni moins que splendide.

Deux tours en avant corps et, au centre, une partie creusée en perspective, d'où émerge une immense composition en ronde-bosse représentant, d'après les banderoles, *Jésus chassant les vendeurs du Temple*, encadrant un oculus au fond duquel trône l'Eternel : tel est le monument.

Monument est le mot. Il y a peut-être sur la surface une trop grande profusion d'ornement ; — mais c'est là une observation d'architecte — et pour le public profane, dans les rangs duquel je suis un vulgaire soldat, l'ensemble paraît original, grandiose, imposant.

« C'est un ouvrage, de nos jours, digne de la plus savante et de la plus superbe antiquité », écrivait, de Tournai, Pellison à Mlle Scudery. Et, suivant la chronique, Pellisson était un connaisseur.

Qui veut connaître la date de création de l'édifice, n'a qu'à monter au dernier étage du clocher ; le chiffre 1633 s'y trouve inscrit en lettres Renaissance.

Mais Nicolas Dubois ne se contenta pas de restaurer la tour, qui n'était en somme qu'une partie de son église — laquelle d'ailleurs ne fut terminée que dix ans après — il s'occupa encore de refaire entièrement le monastère.

On ne peut s'empêcher de trouver qu'il a eu, ce faisant, une excellente idée ; mais il faut

tout dire, l'honneur n'en revient pas à lui seul.
Le bailleur de fonds a été son frère Michel, qui,
par testament, lui avait octroyé 40,000 florins,
sous charge d'ériger l'église et de restaurer
l'abbaye.

Le monastère, en effet, devait être bien ancien, car, avant Nicolas Dubois, 74 abbés
avaient tenu le sceptre du commandement.

A mon avis, sa vétusté devait pour le moins
le faire tomber en poussière. L'abbé Dubois
employa le surplus des florins de son frère à
relever le bâtiment en ruines, et construisit un
de ces monuments de choix comme on n'en
trouve pas à vingts lieues à la ronde — surtout
dans notre département.

Vicissitude des choses humaines! De cette
magnifique abbaye, il ne reste plus aujourd'hui
dans leur entier que les bâtiments de la porte
d'entrée, où sont actuellement installés les bu-
reaux de la mairie. J'ai idée que les employés
municipaux, en allant s'asseoir chaque matin
sur leur rond de cuir, ne songent plus guère
aujourd'hui aux splendeurs d'antan.

La fondation de la ville de Saint-Amand remonte à la plus haute antiquité. Je vais vous en dire deux mots :

Si vous aviez vécu au VIIe siècle — en l'an 639, selon les anciennes chroniques — vous n'auriez trouvé, aux lieu et place de la ville actuelle, qu'une épaisse forêt Ce ne devait pas être bien drôle, car les forêts n'étaient, en ce temps-là, qu'un fouillis impénétrable, tandis que leurs propriétaires savent en faire aujourd'hui une pépinière.... de rentes. Le roi Dagobert, la trouvant de trop dans son lot, l'offrit à saint Amand, évêque de Tongres, qui s'empressa de l'accepter. Douze ans ne s'étaient pas écoulés, que les arbres étaient remplacés par une abbaye de Bénédictins, dénommée aussitôt *Elnon*, du nom d'un ruisseau y attenant. Autour de l'abbaye se forma bientôt un hameau, qui devint ville et prit le nom du fondateur.

Et voyez ce qu'il faut penser du progrès actuel ! Quand la première République s'avisa de trouver qu'il était incorrect de porter un

nom de saint, elle biffa celui de la ville — ce
qui, sans doute, coûtait alors moins cher que
de changer les plaques des rues — et elle alla
repêcher ce vieux nom d'*Elnon*. auquelle elle
ajouta l'épithète de *libre*. sans doute pour
rappeler qu'on était en pleine ère de servitude.
Mais les Elno-librois (du diable si je sais comment on dit) ne durèrent pas longtemps, et,
quand les têtes furent moins échauffées, rede-
vinrent Amandinois comme devant.

L'abbaye et la ville n'ont à elles deux qu'une
seule et même histoire, par la raison que la
seconde a été de tout temps dépendante de la
première. Avec Saint-Amand. chef-lieu. les
moines possédaient huit villages aux alentours;
c'étaient de vrais lettrés, comme il convient à
des Bénédictins qui se respectent. Ils ne furent
dépossédés qu'en 1789; la Révolution, dans sa
haute justice et par la raison du plus fort, leur
rafla sans façon tout ce qu'ils avaient au soleil.

Mais dans leurs douze siècles d'existence,
que de vicissitudes, que de tourments ils ont à
subir !

En 882, ils ont d'abord affaire aux Normands:
ceux-ci, qui n'étaient pas tendres, rasent les
bâtiments et passent leurs propriétaires au fil
de l'épée. L'evêque de Paris sauve les reliques
de Saint-Amand en les emportant à l'abbaye
de Saint-Germain-des-Prés.

En 1340, alors qu'ils font partie de la chatellenie de Tournai, ils ont devant eux Guillaume II, comte de Hainaut, et allié des
Anglais, qui détruit la ville, parce qu'elle est
française, et emporte comme souvenir les
cloches du monastère.

En 1477, nouveau siège par les troupes de
Marie de Bourgogne, jointes aux compagnies
bourgeoises de Valenciennes.

En 1521, prise de la ville par le baron de
Ligne, pour l'empereur Charles V.

Enfin, en 1677, dernier siège et démantelle-
ment par les Français, qui la tiennent définiti-
vemnet pour ne plus la lâcher.

Voilà toute une cargaison de faits qui font
que Saint-Amand n'est pas la première ville

venue. J'ajouterai pour être complet qu'en 1793
Dumouriez y établit son quartier général et
qu'à quelques kilomètres de là il passa à
l'ennemi avec son état-major. On sait qu'à cette
époque, la naïve Convention crut qu'il suffirait
d'expédier à Saint-Amand six représentants du
peuple pour enlever Dumouriez et le diriger sur
Paris comme un vulgaire colis. Pour me servir
d'une expression banale, ces gens-là croyaient
que « c'était arrivé ». Mais le général, qui se
moquait bien des conventionnels, fit à son tour
la délégation prisonnière. Et fut pris qui croyait
prendre.

> Tel, comme dit Merlin, cuide engeigner autrui
> Qui souvent s'engeigne lui-même.

J'imagine qu'aujourd'hui nos députés s'y
prendraient autrement.

On ne va jamais à Saint-Amand sans aller
faire un tour dans la forêt de Raismes, du côté
de l'établissement de bains, à trois kilomètres de
la ville. Il n'est pas besoin pour cela d'être ma-

lade. On fait une promenade hygiénique, c'est
vrai, mais en même temps digne d'intérêt.

L'endroit où l'on prend les eaux thermales
est dénommé Fontaine-Bouillon. Je n'ai jamais
pu savoir pourquoi. Il paraît qu'il était connu
des Romains, puisqu'on y a trouvé nombre de
statues antiques : les Romains, d'ailleurs,
vivaient trop bien pour se passer de rhumatismes.

Mais en réalité il ne date que de 1698, alors
que le maréchal de Boufflers, tout perclus,
vint lui redemander une santé — qui d'ailleurs
lui fut rendue.

Mais voilà que je fais une réclame à l'établissement thermal. C'est un écart de plume dont
je demande pardon à mes lecteurs. Je commence
à m'apercevoir, depuis que je leur raconte
toutes sortes de balivernes sur mon excursion,
que le temps est venu de rentrer avec eux au
bercail, c'est-à-dire à Lille — si tant est que
notre ville puisse être prise pour une bergerie
— Je veux conclure en leur disant que si par

hasard ils ont un dimanche à perdre — ce qui
arrive à tout le monde — ils peuvent le passer
à Saint-Amand : on revient toujours satisfait
d'une excursion dans le Nord.

LE

CAILLOU-QUI-BIQUE

Nous avons trottiné ensemble dans le nord et le centre du département, dirigeons maintenant nos pas vers la partie orientale et visitons l'arrondissement d'Avesnes. Si vous le voulez bien, nous prendrons aujourd'hui, comme but de notre promenade, le fameux Caillou-qui-Bique, situé sur la frontière belge, dans le bois d'Angre, propriété de M. Louvencourt.

Ce caillou est un rocher, vous devez l'avoir deviné : peut-être en son temps a-t-il servi de

jouet aux Cyclopes, gaillards comme on n'en
voit plus, — d'où son nom de caillou — mais,
dans la génération actuelle, il n'est personne,
je pense, qui tenterait de faire bouger d'une
ligne cette masse de 15 mètres de haut.

Quant à sa propriété de *biquer*, elle lui est
commune avec toutes les exhubérances pierreuses qui se terminent en pointe, et dont
aucune, que je sache, ne porte l'extrémité en
bas.

A la gare, on ne délivre pas de billets pour
le Caillou : on prend le ticket à destination de
Bavai.

La route en wagon n'est pas trop monotone.
De la portière, on peut successivement voir
défiler devant soi la plaine de Lille, les marais
de Fretin, Orchies, la tour de Saint-Amand et
les usines de Valenciennes. Quand on a des
voisins ennuyeux, le mieux est de suivre le
chemin sur une carte, ce qui vous pose immédiatement dans le compartiment pour un
homme très fort en géographie.

Mais nous voici à Bavai, que Ptolémée appelle
Baganum Nerviorum, capitale du pays des Nerviens sous la domination romaine. Il s'agit,
vous le voyez, d'une ville qui, en matière
d'antiquité, en remontrerait à nombre d'autres.
Descendons.

Je n'ai pas besoin de vous dire quelle profusion de vieilles choses on y trouve, que d'anti-
quités vraies on y rencontre. Non seulement
tous les habitants ont des trouvailles à vous
faire voir, qu'ils cachent dans leurs bahuts, ou
derrière leurs pots de confiture, mais la ville
elle-même fourmille de souvenirs anciens. Arcs
de triomphe, mosaïques, thermes, hypocaustes,
souterrains construits par Agrippa, cloaques et
tombeaux, aqueducs amenant l'eau de Flour-
zies (à quatre lieues de distance), il y en a pour
tous les goûts : les amoureux d'archéologie
peuvent passer à Bavai une journée sans
s'ennuyer.

A signaler surtout *les Bosses*, amas considérable de ruines d'un aspect sombre, mais

conservant encore un certain air de majesté, où
le lierre, la clématite, les troënes et les mousses
règnent absolument en maîtres. Le populaire,
dans son langage imagé, en voyant cette suite
de murs qui montent et qui descendent pour
remonter ensuite, leur a donné ce nom bien
justifié par leurs formes bizarres. Ce sont, en
réalité, les ruines d'un ancien cirque romain,
sur lequel les archéologues ont beaucoup disserté
et auquel ils ont donné comme dimensions
1116 pieds de longueur sur 276 de large. Ces
débris seront éternels ; ils sont construits en
ciment et en grosses pierres et il est presque
impossible, même à la pioche, d'en détacher
le moindre fragment.

Celui auquel on doit les plus précieuses
recherches sur les Bosses, est l'abbé Carlier,
curé de Bavai de 1775 à 1825. Dans son cabinet,
peut-être unique en son genre, il avait rassemblé
tous les objets antiques recueillis exclusivement
sur ces lieux : grandes pierres sépulcrales,
urnes cinéraires, vases de toutes sortes, sta-

tuettes, bronzes à tous usages et surtout médailles (il en avait 5200, tout avait été collectionné et classé par ses soins. En 1790, il avait même trouvé un trépied en bronze haut de trois pieds, destiné aux sacrifices d'Apollon, ce qui fit sensation à l'époque dans le monde des antiquaires. Tout cela est aujourd'hui dispersé dans nombre de musées et chez des particuliers.

Sous les Romains, de Bavai comme centre — ainsi que disent les géomètres — rayonnaient huit chaussées qui se dirigeaient vers Cologne, Trèves, Reims, Saint-Quentin, Cambrai, Mardyck, Gand et Utrecht, toutes villes qui constituaient alors les frontières de l'Empire. La reine Brunehaut, au VIIe siècle, eut le bon esprit de les restaurer, ce qui lui a fait dans l'histoire une popularité qui n'est pas encore perdue aujourd'hui. Tout le monde a entendu parler des *chaussées Brunehaut*, dont on retrouve un peu partout des tronçons délabrés ou de simples traces marquées par des ravins.

Eh bien, le croiriez-vous ? à Bavai on a poussé si loin le respect dû à cette souveraine, qu'on l'a ni plus ni moins coulée en bronze sur la place de la ville.

Que diable ! il faudrait pourtant s'entendre. Brunehaut n'est pas précisément née dans la ville, il n'est même pas certain qu'elle soit l'auteur des chaussées en question, car ni le poète Venance Fortunat, qui a célébré ses grâces, ni Grégoire de Tours qui a vanté ses vertus, n'en ont parlé — et j'estime, dès lors, que du fond de leur tombeau, les vrais enfants de Bavai, comme le musicien Okergan, et le littérateur Jean Lemaire, doivent quelque peu gémir de se voir préférer la reine d'Austrasie. Il est vrai qu'on doit des déférences au sexe faible.

De cette antique cité qui, avant 1790, était encore le siège d'une prévôté dont la juridiction s'étendait sur dix-huit villages, il ne reste plus aujourd'hui qu'un petit chef-lieu de canton, fermé au sud d'un vieux rempart garni d'informes restes de tours, au nord par un mur de clôture, et où l'on entre par trois ouvertures qualifiées « portes » par les indigènes.

De grands arbres entourent cette enceinte et la couronnent de leurs cîmes élevées et touffues.

Mais voilà bien longtemps que nous nous arrêtons au point d'arrivée ; il est temps d'arpenter la grand'route.

Celle-ci s'appelle, en style administratif, le chemin de grande communication N° 22 et mène à Bellignies, point de jonction d'une autre voie qui conduit de Bavai à la vallée de la Ronelle, où gît le Caillou vers lequel nous allons.

La route de Bellignies est peu intéressante ; elle ne présente pas le moindre ombrage — ce qui, en été, est absolument incommode quand on n'a pas d'ombrelle — et n'a rien qui attire l'attention : mais la nature a voulu sans doute nous procurer le chagrin de l'arpenter pour nous rendre plus douce la satisfaction de l'arrivée, car à partir du village, la voie est verdoyante et pittoresque, entourée de collines ballonnées comme des Vosges en miniature et d'un aspect charmant.

A Bellignies, on fait une courte halte ; on peut s'arrêter au château. L'édifice, tout à fait moderne, n'a guère de saillant qu'une ancienne tour en pierres brutes, haute de 20 à 25 mètres, nommée la *Tour de Bel*, enclavée dans les bâtiments. Mais dans le jardin est un dolmen gaulois de forme ovale, dit *Pierre-Croûle*, de dix pieds de longueur sur sept d'épaisseur, un des rares spécimens de ce que savaient faire nos pères, lorsque l'idée leur prenait d'élever un autel pour sacrifices humains. C'est à voir. Avec un peu de bonne volonté, on peut se croire en Bretagne.

Mais on entre aussitôt dans le pays des carrières de marbre. Celles-ci sont échelonnées le long du cours de la Ronelle, qui borde la route et qui tantôt coule en silence, tantôt mugit sur un lit inégal et bondit à travers les galets, produisant sous le choc une écume pleine de vie. Sur une hauteur de plus de 40 mètres, j'admire les veines bizarrement coupées de ces blocs gigantesques. Sommes-nous bien dans le Nord, qu'on nous représente toujours à peine ridé de quelques monticules, ou dans ces pays de montagnes pleins des beautés de la nature, mais privés par contre de toute fertilité du sol!

J'ai, avec moi, un géologue qui constate que nous sommes bien chez nous, et m'explique ce que sont les marbres qui s'étalent devant nous. Une vraie mine d'or pour leurs propriétaires, à ce qu'il paraît. Ici, c'est le sarrazin de Belli- gnies, calcaire très dur formé de débris de coquilles, de grains ferrugineux et de galets, empâté dans un ciment calcaire et ferrugineux : on y a creusé des cavernes artificielles, que les habitants, avec leur esprit chevaleresque peu respectueux de l'histoire, ont attribué aux Sar- razins — d'où l'appellation géologique. Plus loin, c'est un calcaire à surface mamelonnée, traversé par de nombreuses veines de calcite :

le marbre Sainte-Anne du bois d'Angre, d'une
beauté remarquable ; plus loin encore, ce sont
des calcaires à lucines et polypiers ou des
schistes de diverses natures.

Enfin, nous voici au Caillou. Je vous l'ai
décrit tout à l'heure. Sa masse est constituée
parce que les géologues appellent du « poudingue » — rien de commun que l'aspect avec
l'entremêts du même nom — formé de galets
de quartz et de quartzite, réunis par une pâte
rouge très dure, d'une nature argilo-siliceuse.
Il appartient, me dit mon compagnon, au
terrain dévonien, où il constitue la partie supérieure d'un ensemble de grès et de schistes
rouges qui a été désigné depuis longtemps sous
le nom d'étage du poudingue de Burnot. Je le
crois sur parole.

Ce genre d'agglomérations pierreuses se
retrouve d'ailleurs en Belgique en beaucoup
d'autres lieux ; et comme elles forment toujours
des rochers pittoresques, des agrégats de cailloux roulés souvent de la grosseur d'une tête —

(je citerai le mur du Diable que coupe la voie ferrée entre Pepinster et Spa) — on leur a attribué une origine diabolique. Partout où l'on n'explique rien, on fait intervenir le diable, c'est sûr.

Je n'en finirais pas si je vous dirais toutes les légendes diaboliques qui ont cours dans le pays sur le Caillou-Qui-Bique, elles n'ont pas toujours grand intérêt, c'est pourquoi je les passe ; dans toutes, il est question d'un château bâti par Satan sur le rocher et de cavernes nombreuses (trous des Sarrazins) sises dans les environs où il a de longue date enfoui les richesses qu'on lui prête.

Malheureusement pour le touriste, ces cavernes sont imaginaires, à une exception près. Il y a quelque temps, en effet, en novembre 1883, des ouvriers ont découvert une grotte préhistorique. C'est une géode de l'époque quaternaire, à ouverture étroite, assez curieuse pour exiger une visite. Des stalactites lui servent de décoration, un véritable plancher de stalagmites forme, d'autre part, une aire horizontale sur une partie de la surface, tandis que plus loin ces stalagmites se présentent en monticules ayant l'aspect de véritables tombeaux de pierre. Comme dans les environs du rocher, on y a trouvé nombre d'objets de l'époque gallo-romaine et des outils de l'âge de pierre qui, suivant qu'ils ont été retirés du territoire belge (Angre, Angreau, Roisin, Onnezies, Quiévrain, etc.) ou du territoire français (Rombies, Sebourg, etc.), figurent au musée de Mons ou à celui de Valenciennes.

En face du Caillou-qui-bique, sur le flanc gauche de la vallée, se voient d'autres rochers de poudingue qui formaient primitivement avec lui une masse continue ; mais des dislocations géologiques, en brisant le terrain, y ont déterminé la fente que suit maintenant l'Honeau (Eau de Hon), dit aussi par corruption l'Hogneau, petite rivière qui va se jeter dans l'Escaut à Condé. Au pied même du Caillou existe un petit gouffre au-dessus duquel les eaux de ce ruisseau passent en tournoyant.

Je m'empressai bientôt, nouveau Titan, d'escalader la masse rocheuse, et respirai à pleins poumons l'air pur de la vallée et les senteurs des campagnes d'alentour. J'avais terminé mon excursion : il me restait à me reposer sous l'ombrage, sauf à retourner tout à l'heure au sommet du monticule et jeter un regard d'adieu sur l'horizon du pays.

En arrivant, nous nous sommes arrêtés à Bavai, parce que les touristes y déjeunent, et qu'en toute excursion, il ne suffit pas de nourrir l'esprit, il faut encore penser à « la bête ». Celui qui s'est, une heure ou deux, reposé au Caillou, peut maintenant songer au dîner : c'est généralement à une gare belge voisine, celle de Roisin, dans le bois Delvigne, qu'on va réparer ses forces.

Monté une dernière fois au sommet du Caillou, je me préparais à gagner ce village, pour y prendre le train de Bavai-Lille, mais j'eus encore le temps, avant de quitter ma montagne, de commettre une bonne action.

Dans ce siècle pervers, ça n'arrive pas tous les jours.

Un vieux professeur de lettres, qui nous avait suivi sur la route de Bellignies, se reposait au pied du rocher, après avoir essayé une infructueuse escalade. Et comme il murmurait un proverbe latin bien connu, je descendis de mon trône et vins lui offrir un soutien. Bientôt tous deux nous admirions l'espace du haut du monticule, jouissant pour ma part avec plaisir de la joie de ce vieillard.

— « Vous voyez bien, lui dis-je, personne ne saurait dire aujourd'hui qu'on ne peut aller à Corinthe. »

— Lorsque, pour la première fois, j'ai vu le Caillou l'année dernière, fit-il en me serrant la main, je pensais à mon âge ne plus y retourner et surtout ne plus y monter : *non bis in idem*. Mais aujourd'hui, grâce à vous, j'en ai fait l'ascension et j'en éprouve le plus grand plaisir.

— *Bis repetita placent*, lui répondis-je dans la langue qu'il semblait affectionner.

LA FORÊT DE MORMAL

IEN ne reflète les beautés de la nature comme une forêt vaste et touffue. A toute heure du jour, c'est un renouveau qui plaît — le matin, lorsque l'air est calme, si calme que rien ne frémit, et qu'un rayon d'or à travers la rosée, pénètre le couvert des hêtres, — à midi, quand le soleil est bien en haut du ciel, et qu'on attend sous les feuilles que la grande heure soit passée, — le soir, enfin, quand le jour baisse, et qu'on côtoie dans les sombres allées les troncs noirs, les branches plus noires encore, sous la grande masse de châtaigniers qui semble la voûte d'une église, avec ses vitraux animés d'une vive lueur sous l'éclat du soleil couchant.

Là vraiment on passerait sa vie dans une idylle éternelle, si bientôt la réalité ne venait rappeler au touriste qu'un rêve ne peut durer longtemps.

J'avais soif de cette jouissance.

Par un beau dimanche d'été, alors que la saison des bains n'était pas encore venue, l'idée me prit de contempler une véritable mer d'arbres, autre chose que les taillis d'Annappes ou le bois de Phalempin

Le Nord, encore une fois, favorisait tous mes désirs, car j'étais certain de moissonner, dans la forêt de Mormal, mille émotions, sur l'étendue de ses neuf mille hectares.

En un clin d'œil, je me décidai à partir; et quelques heures après, j'étais transporté au Quesnoy, d'où un chemin est tout tracé pour arriver à la forêt.

On ne stationne pas longtemps au point d'arrivée. Et puis la route est longue, la crainte de la fatigue me la fait commencer en voiture, j'ai le devoir de me hâter.

Tout, d'ailleurs, est construction moderne — traduisez banale — dans la cité du Quesnoy, située partie sur une éminence, partie à l'entrée d'une grande plaine qui s'étend jusqu'à la forêt ; j'en excepte l'Hôtel-de-Ville, grand bâtiment élevé en 1700, surmonté d'une tour avec horloge et cloches anciennes.

Histoire peu intéressante d'ailleurs. Le Quesnoy doit son importance au comte de Hainaut Bauduin V, qui bâtit un château fort dans l'ancienne bourgade du même nom ; on en augmenta plus tard les moyens de défense, à tel point qu'en 1340, le duc de Normandie, fils du roi Philippe, ne put les forcer. Sa position de cité fortifiée lui valut quatre à cinq siéges, dont l'un, en 1793, par les Autrichiens, qui d'ailleurs s'emparèrent de la ville, pour la laisser reprendre l'année suivante par les Français.

9

C'est depuis l'an X qu'on en a fait un chef-lieu
de canton.

Mais il s'agit maintenant d'arpenter la grand'
route — route départementale d'Avesnes au
Quesnoy, si j'en crois un poteau indicateur.

Nous passons au milieu d'une série de maisonnettes proprettes et d'un bel aspect, situées
sur un canal de l'Ecaillon, large de 5 à 6 mètres,
et touchant aux premiers arbres : c'est la patrie
des cerisiers, c'est Jolimetz, le nom est bien
donné.

Enfin nous arrivons à la lisière de la forêt.
Là est le commencement du plaisir

Mon compagnon et moi envoyons le véhicule
nous attendre une lieue plus loin et nous voici,
suivant d'abord la grande voie de communication, puis nous enfonçant de temps en temps
dans les fourrés épais qui la bordent.

A quelque distance, sous les arbres, tout est
paisible et silencieux ; on perçoit de temps en
temps le trot des chevaux sur la route ou les
gémissements de quelque roue de voiture, puis

plus rien ; dans l'air calme pas une feuille ne
bruit, l'homme est ici sur le domaine de la
nature, elle seule réclame notre attention. La
fraîcheur de la feuillée contrastant avec le soleil
de plomb du grand chemin ajoute à l'agrément
du séjour, on jouit de la solitude pour bientôt
désirer le réveil. Et bientôt chez nous le bruit
reprend ses droits sous la forme d'une voix de
stentor qui résonne à nos côtés : c'est mon
compagnon qui, chassant toute contrainte
entonne à gorge déployée un vieux refrain de
mirliton :

> Dans la forêt lointaine,
> On entend le coucou, coucou, etc.

et l'oiseau des bois qu'il appelle lui répond
parfois de sa voix lente et monotone, presque
semblable à celle de l'homme...

Nous reprenons la grand'route.

Les indigènes de l'endroit nous saluent sans
nous connaître ; cette marque extrême de poli-
tesse chatouille agréablement notre amour-
propre. Ces paysans, sans doute, nous consi-

dèrent comme leurs hôtes. Au fait, la forêt est à eux.

Mais bientôt les arbres nous réclament, la chaleur est vraiment trop forte, et nous nous engageons dans une sombre avenue. Celle-ci s'allonge toute droite sous les branches croisées, bien loin, bien loin. terminée par un point blanc, sorte de clairière lumineuse où le soleil brille en son plein. Nous ne la parcourons qu'à demi, car il faut retrouver le chemin et, avec lui, la voiture qui attend et que nous voyons là-bas.

Nous remontons.

Quelques instants après, nous côtoyons un groupe de maisonnettes — hameau d'avant-garde du village de Locquignol — et nous entrons ensuite dans la commune proprement dite, en plein milieu de la forêt. sur le point le plus élevé. Locquignol est traversé par un bras de l'Écaillon dans lequel le soleil se reflète comme en un miroir et nous prouve que rien n'égaye un paysage comme un clair ruisseau.

Tout le monde met pied à terre, car l'on peut, de ce point de repère, qui servit en son temps de rendez-vous de chasse aux seigneurs de Mormal, commencer une vraie promenade au milieu des arbres.

Hautes futaies, chemins ombragés, taillis épais et touffus, rien ne manque au paysage.

Locquignol, site des plus agréables, est lui-même entouré d'une verdure réjouissante que la nature s'est plue à embellir.

La Cressonnière, la Maison aux Renards, le Vert Donjon, le Calvaire, mériteraient une description à eux seuls, si le temps nous permettait le séjour dont ils sont dignes. Mais nous nous promettons d'y revenir, gourmands que nous sommes de ce bonheur de belle saison et nous poussons plus loin.

Nous nous engageons sur la grand'route, prenons un sentier à droite et par un chemin droit comme une flèche, parvenons au carrefour de la Grande-Carrière, l'un des points de repère de la forêt. Un ruisseau le traverse, c'est

la Rhonelle, que déjà nous avons eu occasion
de côtoyer en allant au Caillou-qui-Bique.
Tout autour un certain nombre de puits sont
en exploitation. Nous suivons la « route du roi »
de Bois d'Hercq à Hargnies ; cette fois nous
faisons connaissance avec un autre ruisseau
l'Aunelle — la forêt en est toute sillonnée
— et sommes amenés sur une éminence de
152 mètres (altitude un peu plus basse que
Locquignol) qui porte nom carrefour du
Cheval-Blanc : je n'ai jamais su ce que ce
quadrupède venait faire en ce lieu.

Vous vous en doutez , bons lecteurs , c'est
une véritable course que nous avons fait là.
Pour le coup, nous méritons bien le nom de
touristes , nous sommes capables de lutter avec
les marcheurs du club Alpin ; et comme nous
nous sentons aiguillonnés par un appétit qui
n'est pas de commande , le moment est venu
de nous étendre paresseusement sur l'herbe.

Les provisions apparaissent , nous les accu-
mulons devant nous.

Nous commençons un déjeûner en règle.
C'est le moment le plus sérieux de la journée :
on entendrait une mouche voler.

Ce que je vais dire est peut-être d'un sensua-
lisme qui va me faire honnir des délicats —
mais je ne connais rien au-dessus d'un poulet
froid absorbé sous un frais ombrage, avec une
faim canine pour soi, un gai camarade et une
bonne bouteille pour compagnons de route.

Ce n'est, croyez-le bien, que la satisfaction
d'un instant : après une courte sieste, il s'agit
d'emboîter le pas.

Que vous dirai-je de cette course au hasard
sous l'épais couvert de la forêt ? Ici, c'est une
sombre allée, qui s'ouvre sur une clairière d'un
vert profond et d'une douceur exquise ; là un
rond-point semé de fleurettes, vestibule de
quelque palais magique tiède et velouté. Ici
encore un sentier coupé d'ornières verdoyantes ;
là un tapis de verdure, où les rayons du soleil
dansent à nos pieds sur un chemin tapissé
d'herbes folles.

Et les oiseaux que notre présence ne sait effaroucher lancent dans l'air calme une fusée de notes triomphantes auxquelles leurs rivaux répondent au loin.

Egayant jusqu'à l'air qui les entend chanter.

Mais voici que l'heure s'avance. Un jour glauque, doux, attendri, filtre à travers la feuillée, la cime des hêtres reste dorée quand les branches du bas ont leur teinte grave et sombre. Il faut nous hâter. C'est le soir.

Rentrons, je vois fumer le toit de nos campagnes
Et l'ombre s'allonger en tombant des montagnes.

Nos pas font craquer le gravier de la route, nous atteignons bientôt, au hameau de la Porquerie, la lisière des arbres.

A Aymeries, nous franchissons la Sambre.

Autour de nous, à perte de vue, les moissons sommeillent; à peine une onde de vent passe-t-elle sur les épis, moirant leur nappe unie d'un ton plus terne; et j'entends déjà dans le sillon le cri de la cigale chantant la vie — la vie qui ne meurt jamais.

Notre idylle touche à sa fin, nous voici au terme de l'excursion. En tirant prosaïquement mon podomètre du gousset, je m'aperçois que nous avons 23 kilomètres dans les jambes.

Arrivés bientôt à Aulnoye et convenablement restaurés, nous reprenons le train du retour.

Endormi dans mon wagon, je songeai bien doucement aux émotions de ma journée... Deux heures ne s'étaient pas écoulées, qu'un bruit inusité vint tout à coup briser ma rêverie ; c'était un employé du train qui brusquement ouvrait notre portière : — « Lille, tout le monde descend ! »

LES

CARRIÈRES DE LEZENNES

DELILLE a autrefois raconté, par le menu, l'odyssée d'un jeune homme perdu dans les catacombes de Rome :

Sous les remparts de Rome et sous ses vastes plaines
Sont des antres profonds, des voûtes souterraines
Qui depuis deux mille ans, creusées par les humains,
Ont donné naissance aux palais des Romains,
Etc., etc.

On connaît la suite.
Je me rappelle encore l'émotion qui me

gagna lorsque, bien jeune encore, je lisais son récit. Le poète disséquait une à une les émotions de l'imprudent touriste, je le voyais avec lui haletant, anxieux, désespéré sous des voûtes obscures, et finalement, de dédale en dédale, retrouvant avec joie la lumière perdue. La conclusion amenait chez moi un soupir de satisfaction. J'avais l'âge des illusions.

Je m'attendris aujourd'hui avec moins de facilité et commence à trouver que la peur a du bon... surtout quand elle est passée. Mais je ne souhaiterais pas encore, je vous assure, que pareille aventure m'advînt.

Il y a quelque vingt ans, un honorable fabricant de conserves de Lille la fit rééditer — en prose cette fois — par les journaux de la localité. Notre homme cultivait des champignons dans les carrières de Lezennes, nos catacombes à nous; et, en allant visiter ses « couches », ne retrouva plus son chemin On juge du désespoir des siens qui l'attendaient à dîner. Pendant près d'un jour, on le crut perdu sans rémission. Mais il y a une Providence pour les braves gens On le ramena très abattu ; un verre de vin le rendit à la vie.

Vers la fin de l'automne, alors que les excursions d'été ont cessé d'être possibles , l'idée me prit de visiter les carrières de Lezennes.

On ne cultive plus aujourd'hui de champignons sous ces caves humides ; par contre on y entretient des parterres de chicorée. Les « barbes de capucins » sont l'un des meilleurs revenus des habitants du village : aussi toutes les maisons sont-elles aménagées pour déboucher dans le « grand trou » comme disent les paysans et permettre l'inspection de ces cultures de sous-sol.

Vous le voyez, rien ne se perd dans le Nord : je suis sûr qu'on trouve à cette occupation presque autant de profit qu'à l'époque éloignée où l'on y exploitait la pierre de taille.

Mais vous ne vous figurez pas qu'on descend dans ces carrières par des escaliers monumentaux , voire même des échelles d'accès facile.

Ah bien oui ! Pour arriver à ces antres obscurs, il y a toute une étude d'équilibre à effectuer.

Un beau jour, précédé d'un guide retenu par avance et en compagnie d'un ami, je frappai discrètement à la porte d'une maison proprette qui, me disait-on, avait accès en ces lieux.

Le maître de céans, un brave homme qui sait rire, me répond comme dans le conte de Perrault : « tirez la bobinette, la chevillette cherra. » Ce que je fis.

On me place en présence d'un petit meuble auquel certainement j'aurais donné toute autre destination, on l'ouvre. — « C'est là qu'il faut entrer ». — Comme on me le dit sans rire, je me résigne, non sans hésitation, à passer par cette ouverture.

J'introduis un premier tiers de ma personne, et me disloque entièrement pour faire entrer le deuxième tiers : le reste suit de lui-même. J'ai affaire à un escalier en colimaçon qui conduit à la cave de la maison. Ce qu'il faut me plier, me

tirebouchonner, pour y arriver, est inénarrable.
Je menace à tout coup de perdre la position
stable. Enfin, m'y voici.

Dans la cave, une trappe, qui, par un escalier
d'une irrégularité phénoménale, conduit direc-
tement aux carrières.

Je pars derechef en campagne, au risque de
me casser le cou, car pas une marche ne se
ressemble. Il en est de très basses, où mon pied
s'étonne d'arriver aussi vite; de très hautes et
à pic qui procurent à mes jambes une délicieuse
sensation du vide.

Voici un sol boueux, j'aperçois des parterres
de chicorée. Ça y est.

Mon guide qui tient en main une torche de
résine part devant nous du pied droit en nous
invitant à le suivre. C'est ce que je fais, nouveau
Dante à la visite des enfers.

A droite et à gauche, partout où je jette les
yeux, sont des couloirs sans fond, des galeries
à mille circuits. La lumière scintille sur les
murs blancs et humides et n'éclaire qu'à demi

ces sombres corridors : leur profondeur nous semble indéfinie.

Sur les murs, j'aperçois de belles incrustations, entre autres des ammonites de grande taille et quelques inscriptions au canif, fruit de l'imagination de précédents visiteurs.

Je m'amuse à relever quelques-unes de ces dernières :

« Je t'aime, Eulalie ! » — Quel est donc l'imbécile qui a cru bon de confier les sensations de son cœur à ces antres obscurs ? On choisit d'ordinaire un lieu plus gai.

« Six bons vivants, 1860 ». — Je me figure six lurons qui ont dû avoir, après un bon dîner, la singulière idée de se promener dans ces carrières. J'entends d'ici l'écho du souterrain retentir de leurs rires à gorge que veux-tu.

« Flute pour les Prussiens ! » — Souvenir sans doute de la guerre de 1870. Mais, mon brave, on ne se cache pas pour dire ça.

Et mille autres semblables.

Nous arrivons à ce qu'on pourrait appeler

« la grand'place » de ce sous-sol. C'est une sorte de carrefour dénommé « la prairie », où viennent aboutir de larges galeries.

Comme partout, les parois de cette caverne sont blanches et éclatantes, la pierre cède sous l'ongle avec la plus grande facilité et nous nous enfonçons dans un sol glissant et vaseux. Des gouttelettes d'eau suintent de la voûte, les pierres pleurent par tous les pores et toujours à droite et à gauche s'alignent au cordeau de longues galeries mystérieuses où se voient des racines de chicorée surmontées de grands jets de feuilles blanches.

Pas gai, pas du tout pittoresque, mais curieux à voir cependant.

Dans quelques voûtes se sont formées des stalactites déjà longues comme le doigt, blanches ou jaunes, que des visiteurs vandales se sont empressé, pour la plupart, de casser pour en faire des reliques ; des stalagmites commencent à couvrir le sol. C'est une vraie caverne de brigands.

C'est ici que l'un de nous a une singulière idée : dans cet antre sauvage, il allume un feu de bengale rouge.

Rien de plus drôle que notre attitude. Aux premières lueurs nous éclatons de rire, car avec nos chapeaux bossués, nos habits blanchis par la craie, nos visages noircis par la fumée des torches, nous formons un vrai groupe de Callot. Mais bientôt nous ne rions plus, les buées rouges qui ne peuvent sortir par aucune ouverture nous font tousser à qui mieux mieux Vite, filons.

Voici un ruisseau souterrain. De grosses pierres fort glissantes sont alignées au fond du lit. Nous zigzagons au milieu de ce chaos de blocs crevassés; finalement, nous passons.

Je continue ma route.

En bas, en haut, sur les côtés, ce ne sont qu'anfractuosités, ressauts, trous, glubosités, cloaques.

Partout ce calcaire mou et jaune qui a fourni pendant des siècles le moëllon aux maçons lillois.

Partout aussi des spécimens appétissants des enragés maraîchers de Lezennes.

A chaque instant les gueules noires d'embranchements inconnus.

— Oh là, tu me donnes ta torche sur la figure ! — J'enfonce, au secours ! — Ne craignez rien, messieurs !

Et poussant toujours devant nous dans un lointain plein de ténèbres, nous finissons, en suivant notre guide, par aboutir à un goulet plus étroit qui nous ramène... au plancher des vaches.

Hosannah ! c'est le ciel, la vraie lumière ! Après deux lieues de sous-sol, qu'il fait bon de respirer l'air pur !

— Le soir, au dîner de famille, je racontai à mes enfants les prouesses de leur papa chevauchant dans les souterrains de Lezennes, au travers des cimetières de capucins dont les barbes émergeaient du sol...

Mes moutards en ont rêvé toute la nuit.

AU

FOND DES MINES D'ANZIN

———

L'EXCURSION de Lezennes m'avait mis
en goût. J'étais sacré par elle chevalier
du sous-sol, je voulus en devenir le
bâtonnier.

Quand en prend du galon, etc.

Une excellente occasion s'offrit bientôt à
moi ; je la saisis par les cheveux. La Société de
Géographie de Lille — une société méritoire
s'il en fut, douée d'un président comme le Nord

seul en renferme — organisait pour la saison
d'hiver un voyage aux mines d'Anzin. Je me fis
inscrire *immediately* au nombre des touristes.
Bien m'en prit, car au bout de huit jours,
l'encombrement des inscriptions en fit clôturer
le registre.

Lorsque la grande date arriva, nous étions
cinquante-deux inscrits. C'était plus que suffi-
sant pour visiter une mine.

Ce jour-là, les voyageurs qui partaient par
l'express de Paris, ne furent pas peu surpris de
voir s'engouffrer dans les wagons une véritable
caravane de Lillois. Il y avait de tout ; vieillards
à barbe blanche, jeunes gens de l'aspect le plus
pschutt, voire même quelques visages féminins,
sous l'égide protectrice de M. H. Crépin,
inspecteur des postes et télégraphes.

— Ce ne sont pas cependant les postes que
vont inspecter ces farceurs, grommelle un
voyageur intrigué qui reconnaît leur chef. Que
diable vont faire tous ces gas-là.

A Douai, l'énigme est levée pour lui, car en

se précipitant d'une seule traite dans le train de
Somain, quelques membres de la bande se
soulagent d'un cri, trois fois répété, de « Vive
la géographie ».

Quelle bande joyeuse, *bone Deus !* et qu'il fait
bon se trouver au milieu de gaillards qui savent
rire.

— Je vais enfin considérer les entrailles de la
terre, me dit d'un ton goguenard, en se frottant
les mains, l'un de mes jeunes voisins, tout frais
reçu géographe.

— Oui, mon bon, mais elles ne sont pas
drôles du tout les entrailles dont tu parles, il
fait une chaleur d'enfer là-dedans, il n'y a que
des gens bâtis comme nous pour affronter ce
fourneau....

Et le gamin, tout sérieux, de se demander si
je plaisante, et la bande, naturellement, de
surenchérir après moi :

— Comment! tu ne sais pas ça, les bœufs y
cuisent tout seul, les bougies fondent sans être

allumées, tu ne reviendras pas sans une insola-
tion, sais-tu.

Nous arrivons à Somain : les rails de la
Compagnie d'Anzin (chemin de fer de Somain
à Péruwelz) nous conduisent à Bruai, où nous
nous trouvons à huit heures et demie. Déjà, à
Denain, les ingénieurs de la Compagnie étaient
venus nous recevoir et nous avaient fait le
meilleur accueil.

Les sociétaires brûlent de descendre, ils cir-
culent impatients autour de la fosse Thiers,
située sur le bord de l'Escaut, entre Bruai et
Escaupont.

Ici, désolation ! Les dames ne peuvent descendre, les ingénieurs s'y opposent et tiennent
bon contre les lamentations des pauvrettes. Un
cœur de houille, ces têtes à x !

De plus, on ne peut conduire à la fois cinquante-deux personnes au fond d'une fosse, il
faut couper la paille — je veux dire la bande —
en deux. A ceci on trouve de suite remède :
une partie des géographes se rendront à Vieux-

Condé, à la fosse Chabeaud-Latour, nous autres restons à Bruai ; et l'on se retrouvera à Anzin.

Pendant que nos vingt camarades poursuivent leur route en chemin de fer jusque Vieux-Condé, on nous introduit en chœur dans le bureau des ingénieurs.

La première chose qui frappe nos yeux est un portrait-charge à la craie sur un tableau noir qui occupe le fond du cabinet : la bedaine du bonhomme fait bien à voir, et nous aurions eu cependant beaucoup de peine à reconnaître ce prospectus de la Chambre des Députés, si le dessinateur n'avait jugé à propos d'inscrire sous la figure : *ceci est Germain Casse.* Ce dessin-type, religieusement conservé à la mine, est l'œuvre, paraît-il, du secrétaire dudit député, qui croquait le marmot dans le bureau, quelques jours auparavant, alors que son patron, délégué de la Commission des Quarante-Quatre, faisait une enquête économique au fond.

Mais en voici bien une autre! Je déchiffre sur

un mur des *conseils* au crayon inscrits par un
loustic à l'adresse des visiteurs des mines :

> Qui les mines d'Anzin verra
> D'abord se déshabillera
> En mineur s'habillera....

J'allais continuer à transcrire ces bouts-rimés
de mirliton, quand on vient nous prier de
choisir à la hâte nos vêtements pour descendre.

Chacun prend rapidement son lot et, loin des
regards indiscrets, se met en mesure de changer
de toilette :

> D'abord se déshabillera

ce qui n'est difficile pour personne,

> Puis en mineur s'habillera.

Difficulté beaucoup plus grande! L'un des
nôtres, trop... corpulent, ne peut enfourcher
un pantalon de mineur, on se voit obligé de lui
prêter un... jupon. *Shocking*!

En deux fois, dix-neuf hommes et une femme

à barbe, coiffés du légendaire chapeau de cuir bouilli, prennent donc place dans les cages à deux planchers et quatre berlines, pourvues du parachûte Taza Vilain.

Le langage scientifique a des tournures à nulle autre seconde. Le guide chargé de nous conduire demande en effet à haute voix si tout le monde est *emballé*. Une voix répond effrontément *oui*.

Ah mais non ! c'est que nous ne sommes pas emballés du tout, mais là pas du tout. Au milieu d'un silence complet, la bande écarquille les yeux, quelques-uns ont des figures de déterrés, je suis certain que leur pouls ne bat plus

Mais un moment d'émotion est vite passé, bientôt les cœurs se remettent d'aplomb, et l'on est abasourdi de cris, c'est une cacophonie géographique dont on n'a pas d'exemple — La Société de Géographie de Lille à 900 pieds sous terre ! — C'est au moins dans la mélasse. — Pourvu que nous n'y rendions pas

l'âme, hélas ! — Silence, Messieurs ! — C'est
la voix grave du président qui coupe court à
nos lazzis.

Nous touchons le fond.

L'exploitation a lieu à la profondeur de
300 mètres, où a été installé le roulage méca-
nique du système *tail-rope* (câble traînant)
propre à la compagnie.

L'étonnement du Dante à son arrivée aux
enfers n'a pas été plus grand que l'ébahissement
de certains géographes à la vue de ces antres
tout noirs. Je sens mon jeune homme de tout
à l'heure qui prend mon bras en frémissant :

— Aurais-tu peur, mon garçon ?

— Non, Monsieur; jamais.

— Alors, tiens-toi bien.

Superbe d'ailleurs ce spectacle. Nous sommes
en plein dans le domaine du réalisme. Un
décor de féerie brossé au noir !

Les mineurs s'entrecroisent avec leur figure
noircie et leur chapeau de cuir bouilli surmonté
de la lampe traditionnelle, la houille brille de

tous côtés, des wagonnets sont traînés par des chevaux dont la blancheur douteuse lutte contre l'envahissement de l'ombre.

Dans une sorte de grande chambre qui sert de vestibule à ce dédale souterrain, le chef-porion nous attend. Il prend la tête de la caravane, un ingénieur reste avec nous.

Nous voici dans la grande *bowette*. Pourquoi ce nom ? Je l'ignore. C'est une grande galerie rectiligne de 1600 mètres de longueur, artère principale de ce labyrinthe. Elle est haute et large de 2 mètres, ce qui fait qu'on peut y circuler à l'aise et marcher tête haute sans redouter les chocs. Elle relie deux grands puits et contient une voie de roulage, un sentier ballasté pour la circulation des ouvriers et un petit fossé pour les eaux.

Au moment où nous entrons arrive un train de quinze berlines traîné par un seul cheval.

— Holà ! garez-vous !

Le train passe, et nous cheminons, écoutant

les explications de l'ingénieur qui nous parle de
l'agencement de la mine.

Nous voici à un embranchement : « première
veine du sud » crie le chef-porion. Ici la voie
est moins large, 60 centimètres environ , n'y a
qu'un rail à champignon. De tous côtés des
cadres soutiennent la voûte ; à voir tous ces
bois enchevêtrés, on se croirait dans une
forêt après un coup de vent. Quelques morceaux
même sont courbés ou même cassés par le
milieu, leurs arêtes vives nous atteignent
parfois. Sous l'influence de la chaleur et de
l'humidité, plusieurs sont recouverts de barbes
floconneuses, végétations cryptogamiques spé-
ciales aux lieues sans soleil.

Des trains de 40 à 60 berlines, guidés par des
câbles ou des chevaux, sont mus par une
machine motrice au niveau de la grande
bowette. Sur toute la longueur, de 20 mètres
en 20 mètres, se voient, à droite et à gauche,
des refuges pour cinq à six personnes. C'est là
qu'on se gare au moment de l'arrivée des trains,

L'ingénieur nous fait savoir que l'extraction de la fosse Thiers peut s'élever maintenant à 600 tonnes en dix heures, soit 220,000 tonnes par an. Quel ventre, mon Dieu! quel ventre! Qui peut donc absorber tous ces noirs cailloux?

Je ne vous décrirai ici ni le travail des mineurs, ni les péripéties du chargement et du transport des houilles, ni les détails de l'abatage. Le langage technique de l'ingénieur ne saurait être ici de mise.

Boum! boum! patatra! Un bruit sourd, semblable à un coup de canon qu'on répercuterait de galerie en galerie ébranle les parois de la mine. Les géographes les plus craintifs se tiennent la main, se pressent le bras. Mais on nous explique aussitôt que ce n'est rien : il s'agit tout simplement d'une explosion voulue.

N'importe, une fumée blanche et épaisse a rempli la galerie, une odeur de poudre nous saisit à la gorge. Bien heureusement, ça ne dure pas longtemps.

... Mais ce n'est pas tout de descendre. Il y a des gens, ma foi, qui dormiraient dans les fosses, si l'on ne songeait à voir le jour pour eux.

Nous nous rangeons de nouveau dans la margelle. Nous remontons.

Enfin, voici la lumière ! Il semble, malgré le temps de brume, qu'on soit ébloui comme au soleil en plein matin. Je me prends à fredonner :

> Quand on fut toujours vertueux
> On aime à voir lever l'aurore.

Une fois à terre, les géographes se comptent. La bande est au complet.

Cependant, quelqu'un fait observer qu'on a perdu un touriste. Cette révélation met tout le monde sens dessus dessous. Déjà un reporter, en quête d'une nouvelle à sensation, crayonnait un article : *perte d'un géographe au fond des mines d'Anzin, horribles détails...* Quand une voix remet tout en place : « Mais me voici !

j'existe encore... » J'étais si noir qu'on ne m'avait pas reconnu.

Nous avions d'ailleurs l'air de brigands des Abbruzes, et nous ne songions qu'à nous cacher aux yeux des dames ; mais nous n'avions pas prévu un damné photographe qui, à la sortie des fosses, braquait, tout jubilant, son appareil sur nos visages de houille, comme souvenir de l'excursion d'Anzin.

Pendant plusieurs jours, notre photographie a été mise en vente à la vitrine de Fernandez, rue Nationale, à Lille, elle a été enlevée par tous les amateurs d'émotions.

Nous étions d'ailleurs tous ahuris.

— Savez-vous ce qui vous reste à faire, mes enfants ? nous dit le président du groupe.

— (En chœur). Non !

— Eh bien, *primo se debarbouillare, secundo comedere.* C'est compris.

Ce président a dû sûrement lire Molière.

Quoiqu'il en fut, nous suivîmes ses conseils,

et bientôt assis à la table du restaurant Lambert à Bruay, nous avions oublié combien ces voyages à 900 pieds sous terre creusaient profondément l'estomac d'un géographe.

TABLE DES MATIÈRES.

LILLE, IMPRIMERIE L. DANEL.

www.ingramcontent.com/pod-product-compliance
Lightning Source LLC
Chambersburg PA
CBHW052053090426
42739CB00010B/2159